アスリートでたどる
ジャパンスポーツ
JAPAN SPORTS

サッカー

監修・佐野慎輔

アスリートでたどる ジャパンスポーツ
サッカー
もくじ

サッカー日本の始動〜奇跡の快挙　1900年代ごろ〜……4

- 長沼健……6
- 岡野俊一郎……8
- 八重樫茂生……10
- 川淵三郎……12
- 杉山隆一……14
- 釜本邦茂……16

まだまだいる！ 歴史をつくった選手たち
- 平木隆三　小城得達　横山謙三　永井良和……18

コラム　オリンピックのサッカーと日本……19

日本サッカーのプロ化〜Ｊリーグ誕生　1970年代ごろ〜……20

- 奥寺康彦……22
- 三浦知良……24
- 中山雅史……26
- 井原正巳……28
- 川口能活……30

まだまだいる！ 歴史をつくった選手たち
- ラモス瑠偉　柱谷哲二　福田正博　楢崎正剛……32

コラム　FIFAワールドカップと日本代表……33

歴史をいろどる日本代表監督
- ハンス・オフト　フィリップ・トルシエ　ジーコ……34
- イビチャ・オシム　岡田武史　佐々木則夫　森保一……35

略語・略称解説

DF
ディフェンス。自陣のゴールに近い位置で相手の攻撃からゴールを守るポジション。ディフェンスのプレーヤーをディフェンダーという。ディフェンスの中央のプレーヤーをセンターバック（CB）、サイドライン側のプレーヤーをサイドバック（SB）とよぶこともある。

FIFA
国際サッカー連盟のこと。世界200を超える国と地域のサッカー協会を統括する団体。

FK
フリーキック。相手のファウルに対して、ボールが静止したところからキックをおこなうこと。ファウルの程度によって直接ゴールをねらえる「直接フリーキック」と、2人以上のプレーヤーがボールにふれないとゴールがみとめられない「間接フリーキック」がある。

FW
フォワード。相手ゴールに近いポジションで、ゴールをきめることが大きな役割。トップ、ストライカーなどとよばれることもある。スリートップ（フォワードが3人）のときの左右両サイドの選手をウイングとよぶこともある。

GK
ゴールキーパー。相手の攻撃からゴールを守る。ペナルティエリア内であれば、選手のうちで唯一、手を使うことができる。

MF
ミッドフィールダー。フィールドのほぼ中央のポジション。フォワードとディフェンスのあいだに位置する。

PK
ペナルティキック。ペナルティエリア内でおこなわれた守備側のファウルに対してあたえられるキック。ゴール前11mにあるペナルティマークからキックするが、守備側はゴールキーパー1人だけが対応する。

PK戦
試合が引き分けに終わったあとで試合の勝者をきめなくてはいけない場合におこなわれるペナルティキック。両チームがたがいに5回ずつキックして成功本数が多いチームが勝者となる。

日本から世界へはばたく　2000年代ごろ～……36

中田英寿……38
中村俊輔……40
澤 穂希……42
本田圭佑……44
遠藤保仁……46
長友佑都……48
吉田麻也……50
三笘 薫……52
久保建英……54

まだまだいる！ 歴史をつくった選手たち
小野伸二　中澤佑二　宮間あや　中村憲剛……56
内田篤人　長谷部誠　岡崎慎司　香川真司……57
熊谷紗希　大迫勇也　冨安健洋　堂安律……58

サッカーの歴史をつくった海外の選手たち
ペレ　フランツ・ベッケンバウアー　ジーコ……59
ミシェル・プラティニ　ディエゴ・マラドーナ
ホセ・ルイス・チラベルト　ジネディーヌ・ジダン……60
アンドレス・イニエスタ　リオネル・メッシ
クリスティアーノ・ロナウド　キリアン・エムバペ……61

コラム サッカー最高峰の大会FIFAワールドカップ……62

さくいん……63

用語解説

アシスト
ゴールをきめた選手にパスなどを送るプレーのこと。ボールを送った選手は「アシスト」が記録される。

UEFAチャンピオンズリーグ
ヨーロッパサッカー連盟（UEFA）が主催する、クラブチームのヨーロッパチャンピオンをきめる大会。

AFCチャンピオンズリーグ
アジアサッカー連盟（AFC）が主催するクラブチームのアジアチャンピオンをきめる大会。2024年から名称が「AFCチャンピオンズリーグエリート」へ変更になった。

A代表
年齢制限のないトップクラスの国の代表チームのこと。フル代表ともいう。

オーバーエイジ
オリンピック男子サッカーなど、年齢制限のある大会に出場できる、その年齢以上の選手をさす。「3名まで」など人数制限がもうけられる。

クロス
フィールドの左右から相手ゴール前に向かって送る長いパス。ゴール前の味方選手がそのボールをシュートすることで得点をねらう。センタリングともいう。

国際Aマッチ
FIFAが認定するA代表（年齢制限のない代表チーム）同士が戦う国際公式試合。

コンバート
選手のポジションを変更すること。

守護神
ゴールキーパーのなかでもセーブ（防御）率の高い選手に対して敬意をこめて「守護神」とよぶ。

セーブ
ゴールキーパーがシュートを防ぐこと。

セリエA（イタリア）
イタリアのプロサッカーのトップリーグ。

ハットトリック
1人の選手が1試合に得点を3点以上きめること。

バロンドール
その年のサッカー世界年間最優秀選手におくられる賞。

VAR判定
微妙なボールの位置などで得点か得点ではないか、ペナルティエリア内での反則などPKになるプレーかそうではないかなど、試合を大きく左右する判定に、映像を使用して確認する方法。判定はあくまでも主審がおこなうが、主審の見落としや見逃しによる誤審をふせぐ目的がある。選手や監督に要求されておこなうのではなく、主審がVAR判定をおこなうかどうかをきめる。

プレミアリーグ（イギリス）
イギリス・イングランドやスコットランドのプロサッカーのトップリーグ。

ブンデスリーガ（ドイツ）
ドイツのプロサッカーのトップリーグ。

レフティ
左ききのこと。

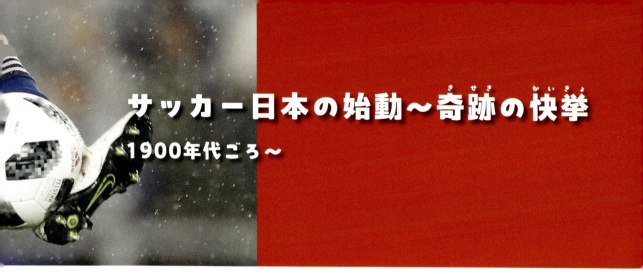

サッカー日本の始動〜奇跡の快挙
1900年代ごろ〜

サッカーがやってきた

　イギリスで生まれたサッカーが日本に伝わったのは19世紀の後半とされている。20世紀に入ると東京高等師範学校（東京高師／現在の筑波大学）にフットボール（蹴球）部が設立され、そこから全国の学校にサッカーがひろまっていく。1917年に東京高師は第3回極東選手権競技大会に出場したが、中国に0－5、フィリピンに2－15と負けている。これが日本サッカーの海外デビュー戦となった。

　現在の日本サッカー協会の前身である大日本蹴球協会が設立されたのは1921年。この年に現在のサッカー天皇杯にあたる「ア式蹴球全国優勝競技会」の第1回大会が開催された。この「ア式蹴球」とは、アソシエーション・フットボールのことで、手を使わないルールを採用したイギリス・イングランドの「協会＝アソシエーション」のフットボールのこと。競技名の「サッカー」は「アソシエーション」が変化したものである。

ベルリンの奇跡

　1927年の第8回極東選手権大会で日本はフィリピンをやぶり国際大会初勝利をかざると、1929年には国際サッカー連盟（FIFA）に加盟。そして1936年ベルリンオリンピックに出場する。アジアで勝ったり負けたりというレベルの日本代表が、ヨーロッパのサッカー強豪国に勝てるわけはないと、世界の関係者は考えていた。

　ベルリン大会の1回戦で日本があたったのは優勝候補のスウェーデンだった。日本代表は、早稲田大学、慶應義塾大学、東京帝国大学（現在の東京大学）などの大学生が中心のチーム。体が大きくて強く「北欧の巨人」とよばれていたスウェーデンが勝つと思われていた。

　試合はスウェーデンのペースではじまり、前半に2点をゆるしてしまう。ところが後半、ながれがかわる。左からのクロスをFWの川本泰三がシュート。これがきまり1－2。

1936年ベルリンオリンピックのサッカー日本代表。右端はスウェーデン戦で1点目をきめた川本泰三。

さらに右近徳太郎がきめて2－2と追いつく。日本のGK佐野理平は後半のスウェーデンのシュートをことごとく防いだ。そして後半40分、松永行がゴール前で相手GKと1対1。松永は体勢をくずすもボールは転がり、ゴールに吸いこまれた。ついに3－2と日本が逆転。残り5分、スウェーデンは猛攻をしかけたが、そのまま試合終了。日本は強豪スウェーデンにみごと勝利した。人びとはこれを「ベルリンの奇跡」とよんだ。

クラマーコーチと日本選手のミーティング。1964年東京オリンピックの選手村で。

1964年東京オリンピック、駒沢公園陸上競技場でおこなわれた日本対アルゼンチンの試合。

東京大会で強豪を打ちやぶる

　第二次世界大戦後、日本のサッカーが国際舞台に復帰したのは1956年メルボルンオリンピックだったが、1回戦敗退。1960年ローマ大会には出場することもできなかった。そこで日本サッカー協会は、1964年東京大会に向けてサッカーを強化すべく、ドイツからコーチとしてデットマール・クラマーをよんだ。ここから日本代表は大きく変化していく。

　クラマーは選手を基礎から指導した。東京大会の監督に長沼健、通訳兼コーチに岡野俊一郎を推薦。選手は、八重樫茂生、川淵三郎、杉山隆一、釜本邦茂など、のちの日本サッカー界を背負うメンバーで構成された。

　東京オリンピック、日本の初戦の相手は強豪アルゼンチン。日本はこの試合を3−2で勝利した。ベルリンの奇跡から28年、選手もクラマーコーチも涙をながした。

メキシコシティーで奇跡ふたたび

　東京オリンピックの4年後、1968年メキシコシティー大会にも日本は出場。釜本のハットトリックでナイジェリアに3−1と快勝すると、続くブラジル、スペイン戦に引き分け、グループリーグを突破する。準々決勝でフランスを3−1で撃破したが、準決勝はハンガリーに0−5と大敗。3位決定戦で地元メキシコとの対戦をむかえた。

　スタジアムには10万人の観客。ほとんどがメキシコ人だった。日本は数少ないチャンスを確実にきめていく。前半18分、杉山のクロスを胸で受けた釜本が左足を振りぬきシュート。日本が先制した。39分には、杉山からのパスをゴール前で受けた釜本が、今度は右足できめた。前半で2−0とリード。だが、後半開始直後、相手にPKをあたえてしまう。日本の大ピンチだったが、GKの横山謙三は落ちついて止めた。メキシコがいくら攻めても横山がはじく。試合の終盤には、観客から「ハポン（日本）、ハポン」の大合唱がおきた。味方のだらしなさに業を煮やしたメキシコサポーターたちが、日本の応援をはじめたのだ。そして試合終了。2−0で日本が勝利し、銅メダルを獲得した。さらに、日本のクリーンなプレーに対してフェアプレー賞がおくられ、大会7ゴールの釜本は得点王になった。

1968年メキシコシティーオリンピック、2−0でメキシコに勝利した日本代表。

戦後から日韓ワールドカップへ、日本をけん引したリーダー

長沼 健
(ながぬまけん)

ワールドカップ予選で日本初ゴールをきめると、監督として日本代表チームを1964年東京オリンピックでベスト8、1968年メキシコシティーオリンピックで銅メダル獲得に導き、世界をおどろかせた。その後は日本サッカーのプロ化を進めるなど、日本サッカー界発展の基盤をつくり、Jリーグを発足させる。さらに、2002年日韓ワールドカップの招致までを実現させた日本サッカー界最大の功労者。

1900年代ごろ〜

1969年、コーチングについて語る長沼とデットマール・クラマー（→9ページ）。

長沼 健

1930	広島県に生まれる
1953	日本代表に初選出
1954	ワールドカップ予選で日本代表初ゴール
1955	古河電工に入団
1961	天皇杯、実業団リーグ、都市対抗戦で史上初の三冠 第1回日本年間最優秀選手賞を受賞
1962	日本代表監督に就任
1964	東京オリンピック ベスト8
1968	メキシコシティーオリンピック 銅メダル
1977	ペレ（ブラジル）の引退試合を国立競技場で開催。日本代表、古河電工と対戦
1994	日本サッカー協会会長に就任
2002	日本サッカー協会最高顧問に就任

選手としても指導者としても活躍し、銅メダルへ

　日本が初めてワールドカップ予選に参加したのは1954年スイス大会のとき。日本代表選手のひとりで、ワールドカップ予選での記念すべき日本代表1ゴール目をあげたのが、当時大学生だったFWの長沼健だ。1955年に実業団の古河電工（現在のジェフユナイテッド市原・千葉）に入団し、当時弱小チームだった古河電工を1961年に史上初となる天皇杯、実業団リーグ、都市対抗戦の三冠に導く。

　1962年、現役選手でありながらチーム強化にも手腕をふるっていた長沼は、32歳という若さで日本代表監督に抜てきされた。当時、サッカーは日本ではマイナーなスポーツだったが、長沼監督のもとでめざましいレベルアップをとげ、1964年東京オリンピックで日本は優勝候補アルゼンチンを相手に劇的な勝利をし、国内でサッカーブームがまきおこる。1965年には日本サッカーリーグを発足させ、1968年メキシコシティーオリンピックでは銅メダル獲得の偉業をなしとげた。

Jリーグ創設、日韓ワールドカップ招致

　長らく日本のサッカーは、会社に所属して仕事以外の時間にサッカーをおこなうアマチュア方式だった。その日本サッカーのプロ化を進めたのも長沼である。いつか日本でワールドカップを開催するという目標のもと全国各地にはたらきかけ、ついに1993年にJリーグが開幕した。そして、日本サッカー協会会長として地球19周に相当するのべ75万キロを行き来して世界各国にはたらきかけ、2002年ワールドカップの日本招致を成功に導いた。

　約40年間にわたり日本サッカーをけん引するなかで長沼が中心となって力をつくしたことは、日本で優秀なコーチを育成するための制度づくり、知的障がい者サッカーの普及など、ほかにもさまざまだ。

1968年メキシコシティーオリンピック出場がきまり、インタビューを受ける長沼監督。

1976年モントリオールオリンピック・アジア地区予選前の練習で指導する長沼監督。

クラマーの提言

　長沼はドイツ人コーチ、デットマール・クラマーとともに、日本のサッカーを強化した。クラマーは1964年東京オリンピック後、帰国の前に5つの提言を残した。これを長沼ら指導者が実行した。
①強いチーム同士が戦うリーグ戦の創設
②明確なコーチ制度の確立
③高校から日本代表まで2名のコーチをおく
④芝生のグラウンドをつくり、それを維持する
⑤国際試合を数多く経験する

日本サッカー殿堂：日本のサッカーの発展につくした人物を表彰するため2005年に日本サッカー協会が創設した。第1回は長沼、岡野俊一郎などの歴代サッカー協会会長が推薦で選ばれ、八重樫茂生、釜本邦茂、杉山隆一などの選手が投票で選ばれている。

広い視野と戦術で日本サッカーを飛躍的にレベルアップ
岡野俊一郎

世界サッカーの豊富な知識を日本にもたらした、「戦後日本サッカーの頭脳」。語学力を力に「日本サッカーの父」といわれたデットマール・クラマーの教えを伝え、選手たちを指導した。テレビなどを通して国民にサッカーの魅力をひろめるとともに、海外に出てはその人脈を駆使して日本スポーツの発展に貢献。日本のサッカー、スポーツについての功績はじつに幅広い。

1900年代ごろ～

東京大学時代の岡野。

岡野俊一郎

1931	東京都に生まれる
1953	東京大学で全日本大学サッカー選手権 優勝
1955	日本代表に初選出
1957	大学卒業とともにサッカー選手を引退
1960	日本ユース代表監督をつとめる
1964	日本代表コーチとして東京オリンピック ベスト8
1968	日本代表コーチとしてメキシコシティーオリンピック 銅メダル
1970	日本代表監督に就任（1971年まで）
1990	国際オリンピック委員会（IOC）委員に就任
1998	日本サッカー協会会長に就任
2003	日本サッカーミュージアム初代館長に就任
2005	第1回の日本サッカー殿堂入りに選ばれる
2012	文化功労者に選ばれる

長沼健の右腕として日本サッカーを強化

　東京大学のサッカー部では1953年の第1回全日本大学サッカー選手権で優勝。テクニシャンとして人びとを魅了した岡野俊一郎だったが、大学卒業後は家業の和菓子店を継ぐためサッカー選手を断念した。だが1960年にドイツ人指導者・デットマール・クラマーが来日すると、家業のかたわらクラマーの世話役兼通訳をまかされることになる。

　岡野は語学力を武器に海外の強いチームや最新の戦術について研究をかさね、世界のサッカーの豊富な知識をたくわえた。長沼健代表監督のもと、技術的な指導はクラマー、戦術面の研究は岡野という体制で、日本代表は短期間で力をつけていった。この結果、日本は1964年東京オリンピックでベスト8、1968年メキシコシティーオリンピックでは銅メダルという飛躍をとげたのである。

1966年アジア競技大会の長沼健監督（左）と岡野コーチ（右）。

お茶の間から世界までが活躍の場

　指導者としてだけでなく、テレビ解説者としても、軽妙な語り口でわかりやすくサッカーの魅力を伝え、日本のサッカーブームの盛りあがりに大きく貢献した岡野。現場をはなれてからは、長沼とともにJリーグ創設のためにはたらくなど、日本サッカーの中心人物としてその発展につくした。世界との人脈も厚く、日韓ワールドカップの招致でも大きな貢献をはたした。

　1990年には国際オリンピック委員会（IOC）委員となり、1998年冬季長野オリンピックの招致と開催にあたって重要な役割をはたしたほか、国民の健康増進に向けた施策にかかわるなど、サッカー界にとどまらない日本への貢献ぶりから、2012年、サッカー界では初の文化功労者に選ばれた。

2008年北京オリンピックの競泳男子100m平泳ぎで北島康介に金メダルをかける岡野。

クラマーとの国籍を超えた友情

　1960年、初めて来日したデットマール・クラマーを羽田空港で出むかえたのが岡野だった。以来、クラマーの教えはすべて岡野の言葉を通して選手たちに伝えられ、二人三脚で日本サッカーを率いた。クラマーと岡野は互いに「兄弟」とよびあうほどに絆を深め、その関係はクラマーがドイツに帰国して90歳で亡くなるまで続いた。

 三菱ダイヤモンドサッカー：岡野は東京12チャンネル（現在のテレビ東京）放送の「三菱ダイヤモンドサッカー」（1968年4月～1988年3月）で解説者を務めた。番組ではヨーロッパのサッカーや国際試合を紹介しながら、サッカーのすばらしさを伝えた。

オリンピック3大会出場の「伝説のキャプテン」

八重樫 茂生
（やえがし しげお）

1964年東京オリンピックではベスト8に貢献し、1968年メキシコシティーオリンピックではキャプテンとして出場したが、初戦でけがをして出場不可となる。しかし、選手の活躍を裏方としてサポートし、チームをまとめあげたリーダー。技術だけでなく精神面でも仲間をふるいたたせるリーダーシップを発揮し、「伝説のキャプテン」として語りつがれる。

1900年代ごろ～

1967年6月、ブラジルのクラブチーム・パルメイラス戦、八重樫のドリブル。

八重樫茂生

1933	朝鮮半島に生まれる
1952	関東大学リーグ新人王に輝く
1956	メルボルンオリンピックに出場
1958	古河電工（現在のジェフユナイテッド市原・千葉）に入団。アジア競技大会に出場
1962	アジア競技大会に出場
1963	日本年間最優秀選手賞を受賞
1964	東京オリンピック ベスト8
1966	アジア競技大会 3位
1968	メキシコシティーオリンピック 銅メダル
1970	ユース日本代表監督をつとめる
1972	ミュンヘンオリンピックで日本代表コーチをつとめる
1977	富士通（現在の川崎フロンターレ）総監督に就任
2005	第1回の日本サッカー殿堂入りに選ばれる

クラマーに信頼されチームを引っぱる

ドリブルを武器に中央大学1年生で関東大学リーグ新人王に輝いた。早稲田大学編入後、3年生になると日本代表として1956年メルボルンオリンピックに出場。しかし、日本は1回戦でオーストラリアに0－2で敗戦。世界との差を強く感じ、地道な鍛錬にはげんだ。ドリブルに加え、両足の正確なキックをみがき、パスで試合を組みたてていく現代サッカーに通ずる戦術が日本代表に浸透していく。

1964年東京オリンピックに向けてデットマール・クラマーが来日すると、それまで日本ではおこなわれてこなかった指導方法に反発する選手が続出したが、八重樫は「頭では理解できなくても日本サッカーのためになるはず」と率先してクラマーにしたがった。それを見てほかの選手たちもクラマーの指導を受けいれた。技術面だけでなく、このような精神面でのリーダーシップを発揮した八重樫は、東京オリンピックでチームを引っぱり、ベスト8へと導いた。

パルメイラス戦で相手キャプテンと握手をかわす八重樫（東京都・駒沢公園陸上競技場）。

けがで出場できなくなり、伝説へ

35歳でむかえたメキシコシティーオリンピック。主将としてのぞんだが、初戦のナイジェリア戦で右ひざに大けがをおい、以後試合に出場できなくなってしまった。くやしさのなか、チームにできることを考えた八重樫は大会期間中、松葉杖をつきながら18人の仲間のユニフォームを一枚一枚洗い、精神面でもチームを支えつづけた。その結果、日本代表は銅メダルを獲得。八重樫は「伝説のキャプテン」として語りつがれるようになった。

1970年、日本代表チーム合宿のときの八重樫。

1964年東京オリンピックの日本サッカー

日本はアルゼンチン、ガーナ、イタリアと同じグループ。イタリアが棄権したため、3チームのうち2チームがトーナメントに進出できた。日本はアルゼンチンに3－2で逆転勝利。ガーナ戦は八重樫が得点するもやぶれた。ガーナと日本は1勝1敗、アルゼンチンは1分1敗で、日本がトーナメント進出をはたした。しかし、トーナメント1回戦で敗退。日本の成績はベスト8だった。

観客ガラガラのサッカー：1960年代前半までの日本サッカーは、たとえ日本代表の試合でも、テレビ放映はおろか報道陣がひとりも競技場にいないことがめずらしくないほどにマイナーな競技だった。1964年東京オリンピックですら観客席は満員ではなかった。八重樫たちは1人でも観客をふやそうと奮闘した。

ビジネスの手腕で日本サッカーを変えた「Jリーグの父」
川淵三郎
かわぶちさぶろう

「Jリーグ初代チェアマン」として知られる川淵は、1964年東京オリンピックで大活躍した選手のひとりでもある。日本サッカー協会会長として日本のサッカーを大きく発展させたのち、80歳にさしかかろうというタイミングでサッカー界を飛びだし、バスケットボール界でも大改革をなしとげた。長年にわたり日本スポーツ界を盛りあげつづける異色の存在。

1900年代ごろ〜

1968年日本サッカーリーグの東洋工業対古河電工。左が川淵。

川淵三郎

1936	大阪府に生まれる
1957	関東大学リーグ優勝（卒業までに3度優勝）
1958	日本代表に初選出
1959	ローマオリンピックアジア予選出場
1960	チリワールドカップ予選出場
1961	古河電工に入団
1964	東京オリンピック ベスト8
1972	古河電工サッカー部監督に就任
1980	日本代表監督に就任
1989	JFA・プロリーグ委員会委員長に就任
1991	Jリーグ設立、初代チェアマンに就任
2002	Jリーグチェアマン退任、日本サッカー協会会長に就任
2012	日本サッカー協会最高顧問に就任
2015	日本バスケットボール協会会長に就任
2021	東京オリンピック・パラリンピック選手村村長をつとめる

1964年東京オリンピックで大活躍

　中学校時代まで演劇に打ちこみ、高校で友達にさそわれてしぶしぶサッカー部に入ったというスタートながら、その後進んだ早稲田大学では中心選手として関東大学リーグで優勝、1958年には日本代表に初選出された。大学卒業後は古河電工（現在のジェフユナイテッド市原・千葉）の選手として、会社の仕事をしながら年に1000時間もの練習を積み、デットマール・クラマー（→9ページ）のもとで力をつけた。1964年東京オリンピックのアルゼンチン戦では、はきなれないシューズでのぞんだためほとんどの時間満足のいく動きができなかったが、後半36分に釜本邦茂からのクロスにヘディングで合わせて同点ゴール。直後には小城得達の逆転ゴールをアシスト。最後の10分間に大活躍を見せて3対2という奇跡の大勝利の立役者となった。

日本バスケットボール界を立てなおす

　日本サッカーのプロ化に力をつくした川淵に、バスケットボール界から声がかかったのは2014年。日本のバスケットボールリーグが2つに分裂したまま存在し、国際大会への出場が危ぶまれる混乱ぶりだったため、それを解決できないかという相談だった。2015年、日本バスケットボール協会の会長になると、わずか数か月のあいだに全国のクラブを説得してまとめあげ、統一されたプロリーグ「Bリーグ」を発足させた。

「Jリーグ創設」初代チェアマンに

　選手引退後は指導者の道に進み、1980年からは日本代表監督もつとめた。しかし、1984年ロサンゼルスオリンピックのアジア予選で敗退すると一度サッカーをはなれる。その後数年間を古河電工でビジネスマンとして過ごしたが、彼のこの経験は、のちの日本サッカーに大きな影響をあたえることに。
　「日本のサッカーが世界レベルに追いつくためには日本全国をカバーする強いリーグが必要」。恩師クラマーの言葉を心にきざんでいた川淵は、1988年にふたたびサッカーの現場にもどり、「地域に根ざしたスポーツクラブ」の創設を全国にはたらきかけた。「全国各地で身近にスポーツを楽しむ文化」をそだてたいとする運動だった。もち前のリーダーシップとビジネススキルで彼の努力は大きなうねりをよび、1993年5月15日、全国10クラブからなる「日本プロサッカーリーグ（Jリーグ）」が開幕した。川淵は初代チェアマンとしてJリーグをけん引した。

Jリーグ開幕戦のオープニングセレモニーで挨拶する川淵チェアマン。

文化勲章：川淵は2023年度の文化勲章を受章した。スポーツ界では、競泳の古橋廣之進、野球の長嶋茂雄につぐ3人目の受章で、サッカー界では初の受章となった。

アルゼンチンを切りさいた "伝説の左ウイング"

杉山隆一

1964年東京オリンピックでは、100メートルを11秒台という1960年代としては驚異の俊足で左サイドをかけあがり、強豪アルゼンチンの守備を切りさきシュート。日本代表チームをベスト8に導いた杉山は、「黄金の足」「伝説のウイング」といわれた。1968年メキシコシティーオリンピックでも釜本邦茂との名コンビで活躍し、みごと銅メダルを勝ちとった。

1900年代ごろ〜

1966年、日本代表チームの合宿で。

杉山隆一

1941	静岡県に生まれる
1958	清水東高校1年時、国体の決勝ゴールで有名になる
1959	第1回アジアユース大会出場
1961	日本代表デビュー
1964	東京オリンピック ベスト8
1968	メキシコシティーオリンピック 銅メダル
1969	三菱重工（現在の浦和レッズ）で日本リーグ 初優勝
1974	三菱重工で天皇杯 優勝。選手引退 ヤマハ発動機の監督に就任
1987	ヤマハ発動機総監督として日本サッカーリーグ1部 初優勝

伝説は左サイドからはじまった

1964年東京オリンピック。デットマール・クラマー（→9ページ）のもと一丸となって強化につとめた日本代表だが、優勝候補アルゼンチンに勝てるとまで考える者はいなかった。実際、試合がはじまると、相手の個人技ははるかに日本を上回り、ボールを支配される。しかし、そんな一方的な流れをひっくりかえす起点をつくった男がいた。後半9分、左サイドで八重樫茂生からのパスを受け、俊足を飛ばしてペナルティエリアまでボールを運び、右足をふりぬく。杉山隆一の得意のシュートがさく裂した。チームはアルゼンチンに勝利し、杉山はベスト8の立役者になった。

1974年1月1日、三菱重工を天皇杯優勝に導き、杉山は現役引退した。

日本サッカーリーグ

クラマーコーチが残した提言にもとづき、長沼健などが中心となって、1965年に発足させたリーグが「日本サッカーリーグ（JSL）」。当初は古河電工、三菱重工、ヤンマーをはじめ8チームが参加。アマチュアの実業団チームだったため、選手は会社の仕事をしながらサッカーをした。三菱重工の杉山やヤンマーの釜本邦茂が活躍し人気をはくしたが、しだいに低迷。だが、JSLの存在がJリーグ発足につながった。

銅メダルを獲得した1968年メキシコシティーオリンピック。

メキシコシティーオリンピックで5アシスト

むかえた1968年メキシコシティーオリンピック。キープ力、突破力、パスの精度をさらにみがいた杉山は、左サイドを突破し正確なクロスをゴール前に送るという職人技をくりかえし、大会を通して日本があげた9得点のうち5点をアシストする活躍を見せた。とくにFW釜本邦茂とのコンビネーションは、「釜本の顔を見ればどこでボールを受けたいかが読めた」というほどだ。この2人の連携でゴールを量産し、日本の快進撃の中心となった。銅メダルを獲得した3位決定戦での2得点は、どちらも杉山と釜本のコンビによるものだ。

その後、日本年間最優秀選手賞を3度も受賞し、日本リーグと天皇杯の二冠を達成して、1974年に杉山は選手を引退。ヤマハ発動機の監督にむかえられ、手腕を発揮する。県2部リーグから1部リーグ、日本2部リーグから1部リーグへ。着実に階段をのぼり、就任から10年以上かけて日本リーグ優勝チームにしてみせた。このヤマハ発動機は現在、ジュビロ磐田としてJリーグでも何度も優勝している。

豆知識 20万ドルの足：アルゼンチンの監督に「20万ドルで杉山がほしい」といわれたといううわさがあった。そこから杉山は「黄金の足」とよばれるようになる。当時は1ドル360円。20万ドルは7200万円だ。当時のサラリーマンの1年間の収入が40〜50万円なので、20万ドルがいかに大きい金額かがわかる。

1960年代の日本に突然あらわれた世界レベルのストライカー

釜本邦茂

1968年メキシコシティーオリンピックでは、アジア人初・日本人初となるオリンピック得点王に輝く。正確無比な「右45度からのシュート」をはじめ、あらゆるプレーで高い能力を見せつけ、世界をおどろかせた。日本サッカーの歴史の中で「すべてを兼ねそなえたストライカー」といえる、これまでで唯一の存在だ。サッカー日本代表の国際Aマッチ75得点は男子歴代1位。

1900年代ごろ～

国内におさまりきらない天才

当時の日本では、ずばぬけた180cmほどの高身長と運動能力で中学時代からめだっていた釜本。20歳で東京オリンピックに出場し、アルゼンチン戦で川淵三郎の同点ゴールをアシストした。

大学で4年連続大学リーグ得点王という大活躍ののち、弱小チームだったヤンマーディーゼル（現在のセレッソ大阪）に入団すると、1年後にはリーグ得点王に。そんな釜本に引っぱられてチームも強豪へと躍進をはたした。

釜本邦茂

1944	京都府に生まれる
1963	早稲田大学1年時、大学リーグ優勝、得点王に輝く アジアユース選手権出場
1964	東京オリンピック ベスト8
1968	メキシコシティーオリンピック 銅メダル 日本サッカーリーグ得点王を獲得（以降7回獲得）
1977	日本代表を引退
1978	ヤンマーディーゼルの選手兼監督に就任
1979	日本リーグ200試合出場達成
1981	日本リーグ通算200得点達成
1984	選手引退
1991	松下電器（現在のガンバ大阪）監督就任

ヤンマーを強豪チームにした釜本。

アジア人初のオリンピック得点王

釜本は1968年メキシコシティーオリンピックで躍動した。初戦でいきなりハットトリックをきめると、6試合で日本があげた9得点のうち7得点をたたきだし、アジア人初となるオリンピック得点王に輝いた。強力な右足による「右45度からのシュート」が彼の代名詞だが、右足での4点にくわえて左足シュートで2点、ヘディングで1点、さらにヘディングと右足のパスで2アシスト。当時のサッカー弱小国の1選手が見せたあらゆる能力の高さに世界がおどろいた。

メキシコシティーオリンピックのハンガリー戦で強烈なシュートを放つ。

世界の名門クラブから熱い視線を受ける存在となった釜本だったが、病気になり数年にわたってコンディションをくずした。しかし、復調するとふたたび圧倒的な活躍を見せ、日本リーグで数かずの記録を打ちたてた。男子日本代表としても、国際Aマッチ76試合75得点は現在にいたるまで男子の最多得点記録だ。

ペレを招いて引退試合

1984年8月、釜本の引退試合がおこなわれた。釜本のヤンマーに4歳年上のペレ（ブラジル。→59ページ）が来日して助っ人として参加し、ラモス瑠偉や木村和司、水沼貴史たちの日本リーグ選抜とプレーした。釜本は前半15分、右足からのシュートで先制。ペレは後半に登場した。

試合は3-2でヤンマーが勝利。名選手同士の競演に、満員の東京・国立競技場がわいた。

1984年8月25日、釜本邦茂選手引退記念試合の釜本とペレ。

豆知識 釜本vs杉山：1964、1965年の関東大学リーグ戦「早稲田vs明治」は大人気だった。早稲田大学に釜本が、明治大学には杉山隆一がいたからだ。2大スターの対決を見ようと人がおしよせ、キックオフがおくれたこともある。社会人リーグでも、杉山の三菱重工と釜本のヤンマーの試合は大人気の黄金カードとなった。

まだまだいる！歴史をつくった選手たち

平木隆三 DF
東京オリンピック日本代表の主将

オリンピックでは1956年メルボルン大会、1964年東京大会に出場。ベスト8に輝いた東京大会では主将をつとめた。1968年メキシコシティー大会では長沼健監督のもとでコーチとしてチームを支え、銅メダル獲得に貢献。ユース年代の日本代表監督として若者の育成・強化にも力をつくしたほか、現代の日本サッカーの土台づくりにも一役かっている。1992年には名古屋グランパスエイトの初代監督をつとめた。

●おもな実績
1956年 メルボルンオリンピックに出場
1964年 東京オリンピック ベスト8
1992年 名古屋グランパスエイト初代監督に就任

小城得達 FW、MF、DF
なんでもこなすオールラウンダー

1964年東京オリンピックでは強豪アルゼンチンとの初戦で決勝点をあげ、メキシコシティー大会ではDFの中心人物として活躍するなど、FW、MF、DFのすべてをこなせるオールラウンダーとして大きな存在感をしめした。1963年から1976年まで日本代表で活躍を続け、代表として213試合（国際Aマッチは62試合）出場という大記録を打ちたてた。日本リーグでは東洋工業で4連覇、天皇杯3回優勝などを経験している。

●おもな実績
1964年 東京オリンピック ベスト8
1968年 メキシコシティーオリンピック 銅メダル

横山謙三 GK
オリンピック2大会でゴールを守った

1964年東京、1968年メキシコシティーの2回のオリンピックの日本代表正GK。高校生のときに、なり手のいなかったGKを引きうけ、1963年に日本代表に選ばれてから初めて本格的な指導を受けて成長した。メキシコシティー大会では3位決定戦でPKをセーブする大活躍を見せた。日本リーグでは三菱重工に所属し、2度のリーグ優勝と天皇杯優勝に貢献。引退後は監督となり、1988年から1992年まで日本代表も率いた。

●おもな実績
1964年 東京オリンピック ベスト8
1968年 メキシコシティーオリンピック 銅メダル

永井良和 FW
スピードスターはアニメの主人公

市立浦和南高校（埼玉県）のエースとしてインターハイ、国体、全国高校選手権の三冠に輝き、マンガ・アニメ「赤き血のイレブン」の主人公のモデルとなったFW。日本代表でもユース年代から活躍し、スピードに乗ったドリブルと得点力がアジア各国のDFをおそれさせた。日本リーグでは古河電工に所属し、リーグ歴代1位となる272試合出場を達成。引退後はジェフユナイテッド市原をはじめさまざまなクラブで監督をつとめた。

●おもな実績
1970年 インターハイ、国体、全国高校選手権の三冠達成
1976年 日本リーグ、天皇杯の二冠達成
1986年 アジアクラブ選手権（現在のAFCチャンピオンズリーグエリート）優勝

オリンピックのサッカーと日本

ワールドカップとは異なり、男子は年齢など条件つきでおこなわれるオリンピックのサッカー。これまでに日本は男子も女子もメダルを獲得している。

オリンピックでのサッカーの開催は、男子は1900年パリ大会からで、当初はアマチュア選手のみでおこなわれた。プロが出場するようになったのは1984年ロサンゼルス大会からだが、一部のワールドカップ出場選手はオリンピックには出られなかった。1992年バルセロナ大会から本格的にプロの出場が可能になったいっぽうで、23歳以下の年齢制限ももうけられる。24歳以上の選手が3人まで出場できるようになったのは、1996年アトランタ大会から。女子のサッカーもアトランタ大会からはじまった。女子には年齢制限がない。

● 日本が出場したオリンピックのサッカー ●

男子

年	開催地	優勝国	日本の成績
1936	ベルリン	イタリア	ベスト8
1956	メルボルン	ソビエト連邦（現在のロシア）	11チームの変則トーナメント初戦敗退
1964	東京	ハンガリー	ベスト8
1968	メキシコシティー	ハンガリー	銅メダル
1996	アトランタ	ナイジェリア	グループステージ敗退
2000	シドニー	カメルーン	ベスト8
2004	アテネ	アルゼンチン	グループステージ敗退
2008	北京	アルゼンチン	グループステージ敗退
2012	ロンドン	メキシコ	4位
2016	リオデジャネイロ	ブラジル	グループステージ敗退
2021	東京	ブラジル	4位
2024	パリ	スペイン	ベスト8

女子

年	開催地	優勝国	日本の成績
1996	アトランタ	アメリカ	グループステージ敗退
2004	アテネ	アメリカ	ベスト8
2008	北京	アメリカ	4位
2012	ロンドン	アメリカ	銀メダル
2021	東京	カナダ	ベスト8

1968年メキシコシティーオリンピックで銅メダルを授与される日本男子チーム。

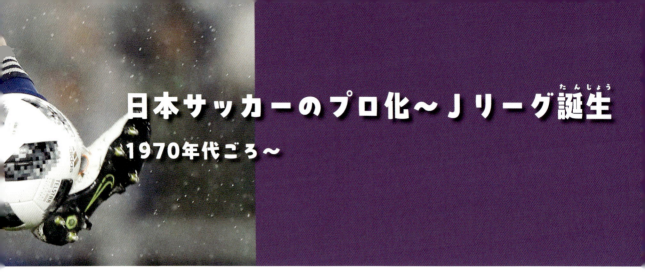

日本サッカーのプロ化〜Ｊリーグ誕生
1970年代ごろ〜

日本サッカーの低迷を打ちやぶれ！

　1968年メキシコシティーオリンピックの銅メダル以来、日本のサッカーは国際大会で大きな実績をあげることができなかった。そのため、メキシコシティー大会の日本代表で監督をつとめた長沼健やコーチの岡野俊一郎、1964年東京大会のアルゼンチン戦でゴールをきめた川淵三郎らは、日本のサッカーを強くして人気スポーツに高めるため、プロリーグをつくる必要があると考えた。1989年、日本サッカー協会内に「プロリーグ準備検討委員会」を設置。そして1991年、「日本プロサッカーリーグ（Ｊリーグ）」が設立され、初代チェアマンには川淵三郎がついた。

　このころ、サッカー世界最高峰の大会・FIFAワールドカップを日本に招致しようという計画も打ちだされ、ワールドカップ招致委員会も立ちあがった。Ｊリーグ発足とワールドカップ招致という２つの大きな目標を立て、日本のサッカーが力強く動きはじめたのだ。

Ｊリーグ開幕、次はワールドカップだ！

　1993年５月15日、ついにＪリーグが開幕した。開幕戦は横浜マリノス（現在の横浜Ｆ・マリノス）対ヴェルディ川崎（現在の東京ヴェルディ）。まずは10チームでスタートしたＪリーグだったが、この瞬間からサッカーは一気に人気スポーツになる。

　だが、そんなサッカー熱を冷ますできごとがおこる。翌年開催のアメリカワールドカップに出場するチーム（国）をきめるアジア地区最終予選で、日本は初のワールドカップ本大会出場まであと一歩のところにいた。カタールのドーハでおこなわれた最終のイラク戦で日本が勝つことが条件だった。試合終了間際、２−１でリード。このまま試合が終わればワールドカップ本大会に初出場できる。だれもが「早く終わってくれ！」と祈っていたロスタイム（アディショナルタイム）残り数秒、日本はコーナーキックからゴールをきめられ、引き分け。その結果、韓国に勝ち点でならばれ、得失点差でグループ３位。ワールドカップ本大会出場をのがしたのだ。ピッチ上では三浦知良、ラモス瑠偉たちが、絶望のあまり頭をかかえて倒れこんだ。あと数秒で本大会出場決定という歓喜の一歩手前から、悲願だったワールドカップが消えさった。サッカーファンのショックは大きく、この試合は「ドーハの悲劇」とよばれた。

1993年５月15日、国立競技場でおこなわれたＪリーグ開幕セレモニー。

ジョホールバルでワールドカップ本大会出場をきめた直後。

ワールドカップをよべ！

　日本がワールドカップ招致活動をはじめると、韓国も招致に立候補した。ワールドカップ「アジア初開催」を韓国もねらってきたのだ。先に立候補した日本が有利と思われていたが、1996年5月、日本と韓国の共同開催という異例のかたちで決着した。日本国民の反応は複雑だった。日本単独開催のはずが日韓共催になってしまった残念な気持ちと、それでも日本でワールドカップを観戦することができるといううれしさがまじった気分だった。

　それからおよそ2か月後の7月にはアトランタオリンピックのブラジル戦で日本が勝利した「マイアミの奇跡」で、日本のサッカーファンは熱狂した。さらに翌1997年11月には、マレーシアのジョホールバルで1998年フランスワールドカップのアジア予選がおこなわれた。ここでイランに勝利して日本は初の本大会出場をきめた。日本中を歓喜がつつみ、この試合は「ジョホールバルの歓喜」とよばれた。

勝てなかったが、初得点

　むかえた1998年FIFAワールドカップフランス大会。岡田武史監督、井原正巳主将、FWに中山雅史、城彰二ら、MFに中田英寿、山口素弘ら、DFに秋田豊ら、GK川口能活でのぞんだ初出場の日本は、初戦で優勝候補のアルゼンチンと対決。よく守ったものの0－1でやぶれる。第2戦も強豪のクロアチアと対戦。何回かチャンスをつくったが、0－1で負けてしまう。2敗した日本は決勝トーナメント進出の望みが絶たれた。2敗同士の戦いとなった第3戦のジャマイカ戦に、日本はワールドカップ初勝利をかけてのぞんだ。日本はそれまでの2戦より攻撃的に試合をすすめることができたが、2点をうばわれる。だが、後半に中山が執念のゴールをきめ1－2とした。日本はそれ以上点をかさねることはできず予選リーグ敗退。こうして日本の初めてのワールドカップ挑戦は全敗で終わったが、記念すべき初ゴールが生まれた。

ワールドカップフランス大会のジャマイカ戦でスタンドをうめつくす日本のサポーター。

日本最初の"海外組"、新時代を切りひらいた開拓者
奥寺康彦

ドイツのトップリーグ、ブンデスリーガの名門チームで中心選手となり、リーグ優勝を経験した初めての日本人。現在のUEFAチャンピオンズリーグでゴールをきめた初めてのアジア人でもある。日本でJリーグが開幕する15年以上も前に、奥寺によって海外サッカーへの道は切りひらかれた。

1970年代ごろ〜

異例の海外移籍

　1968年のメキシコシティーオリンピック以降、長い低迷期にあった日本サッカー界。そのなかで、高校卒業後すぐに日本代表デビューし、中心選手となっていったのが奥寺康彦だ。1976年にはブラジルに短期留学して急成長。日本代表で出場した国際大会で7得点をマークし得点王になると、日本リーグでもチーム最多得点で天皇杯との二冠達成に貢献した。奥寺に転機がおとずれたのは翌年。ドイツでの日本代表合宿中に、ブンデスリーガ名門の1.FCケルンの監督に見いだされ、オファーを受けた。前例のない海外移籍、言葉のわからないドイツでの生活に踏みきった奥寺。苦労しながらも、入団2か月後の試合で2ゴール2アシストのはたらきを見せ、仲間の信頼を勝ちとった。

緻密でクレバーな「東洋のコンピュータ」

　パワーとスピードに加え、当時としては先進的な戦術眼をみずから養っていった奥寺。その勤勉で正確なプレースタイルもあいまって、彼は「東洋のコンピュータ」と評され、急速にチームの中心選手となっていった。1年目、1977-1978年シーズンのリーグ優勝とドイツカップ優勝に貢献すると、UEFAチャンピオンズカップ（現在のチャンピオンズリーグ）の準決勝では、同大会アジア人初ゴールとなる値千金の同点ゴールをあげた。
　1981年からは同リーグのベルダー・ブレーメンに加入し、そこで守備的MFとしての能力が評価される。帰国は1986年。ブンデスリーガに在籍した9シーズンで通算234試合出場、26得点。出場記録は2017年に長谷部誠、得点記録は2014年に岡崎慎司に抜かれるまで日本人最多だった。

ブレーメンではサイドバックでも活躍した。

奥寺康彦

1952	秋田県に生まれる
1976	古河電工（現在のジェフユナイテッド市原・千葉）で日本リーグ、天皇杯の二冠達成
1977	ブンデスリーガの1.FCケルンとプロ契約
1978	リーグ優勝、ドイツカップ優勝 UEFAチャンピオンズカップ（現在のチャンピオンズリーグ）ベスト4
1980	ヘルタ・ベルリンに移籍
1981	ベルダー・ブレーメンに移籍
1986	国内初のプロ契約で古河電工に復帰
1988	選手引退
1996	ジェフユナイテッド市原の監督に就任
1999	横浜FCのゼネラルマネージャーに就任
2012	日本サッカー殿堂入り
2014	アジアサッカー連盟（AFC）殿堂入り
2017	ブンデスリーガ・レジェンドに選ばれる

1986年アジア競技大会（ソウル）のイラン戦で。

Jリーグ開幕前の日本を支えた名選手

　木村和司は、奥寺とともに国内でプロ第1号となった選手。フリーキックの名手で、1985年メキシコワールドカップ予選の韓国戦できめた直接フリーキックでの得点は伝説となっている。
　風間八宏は、ドイツのリーグで5年間プレーした経験をもつ攻撃的MF。Jリーグでの日本人選手初ゴールで知られ、指導者、テレビ解説者としても実績を残している。

1986年アジア競技大会の木村和司。

豆知識　東洋のコンピュータ：サイドバックとして相手をおさえこむだけでなく、正確なクロス、安定したパス、左足からの強烈なシュートをもつ奥寺。FWからDFまでさまざまなポジションで活躍し、地元ドイツのファンから「東洋のコンピュータ」というニックネームでよばれた。

世界から尊敬を集める真のレジェンド、"キング・カズ"

三浦知良
(みうらかずよし)

十代で日本を飛びだしブラジルで活躍。Jリーグでは開幕の年にMVP。日本選手として初めてイタリア・セリエAへの扉を開き、日本代表を初めてのワールドカップ出場に導いた。このころから"キング・カズ"とよばれるようになる。ところがワールドカップ本大会代表はのがしてしまう。その後、国内外のクラブをわたりあるき、50歳を超えても現役を続行。Jリーグ発足当時からプレーを続けるただ一人の現役選手だ。

1970年代ごろ～

1993年Jリーグ開幕戦でキャプテンをつとめる。

ブラジルでプロになる！

身長は高くない、飛びぬけた能力もない。それでも15歳の三浦知良は、高校サッカー部監督の「99％、ムリ」という声を振りきってブラジルへ飛んだ。へこたれず3年後にプロ選手としてサントスFCの一員になる。その後多くのクラブで活躍した彼は、ブラジルのサッカー専門誌の表紙を飾ったのち、帰国。1990年に23歳で日本でのキャリアをスタートさせると、Jリーグ初年度にMVPを獲得し、所属するヴェルディ川崎（現在の東京ヴェルディ）を年間優勝に導いた。Jリーグきっての大スターとして君臨し、日本代表でもエースのはたらきを見せた。だが1993年、アメリカワールドカップの予選で得点を量産するも、最終戦で本大会出場をのがした（ドーハの悲劇）。闘志を燃やした三浦は1994年、日本人として初めてイタリア・セリエAの舞台に立つ。負傷などで力を発揮しきれず帰国することになったが、三浦の挑戦にその後、多くの日本選手が続いた。

ワールドカップに挑戦したが……

1997年、日本代表はついにフランスワールドカップの最終予選を突破し、本大会への切符をつかんだ。だが、栄光の最終メンバーのなかに三浦の名前はなかった。代表監督が三浦を直前になって落選させたのだ。

しかし彼の情熱は途切れなかった。1999年、クロアチアのクラブでプレー。その後はJリーグのクラブをわたりあるいた。2005年には、オーストラリアのシドニーFCに所属し日本選手として初めてFIFAクラブ世界選手権（現在のクラブワールドカップ）に出場。2010年、Jリーグ開幕以来18年連続得点という大記録を43歳で打ちたてた。2017年には50歳14日で得点。プロリーグ世界最年長ゴールとなった。

2025年現在、58歳の三浦は30歳も若いチームメイトたちと切磋琢磨している。プレーはさすがに全盛期のころにはおよばない。だが、多くのトップ選手が「真のプロフェッショナル」として彼をリスペクトしているのはたしかだ。

三浦知良

1967	静岡県に生まれる
1982	ブラジルへ渡航、CAジュベントスに所属
1986	サントスFCとプロ契約
1988	E.C.キンゼ・デ・ジャウーに移籍、このときの活躍がみとめられ、のちにジャウー市名誉市民に
1989	コリチーバFCで州選手権優勝
1990	サントスFCに復帰したのち帰国、日本代表デビュー
1993	Jリーグ開幕。ヴェルディ川崎の主将をつとめ、年間最優秀選手、アジア年間最優秀選手に輝く
	アメリカワールドカップ最終予選に出場
1994	セリエAジェノアCFCへレンタル移籍
1999	クロアチア・ザグレブ（現在のGNKディナモ・ザグレブ）移籍ののち、京都パープルサンガへ
2000	Jリーグ初の通算100得点
2001	ヴィッセル神戸へ移籍
2005	横浜FCへ移籍
	シドニーFCゲストプレイヤーとしてFIFAクラブ世界選手権（現在のクラブワールドカップ）出場
2017	50歳14日でのJリーグ最年長ゴール記録、世界最年長プロサッカーゴール記録でもあった
2021	J1最年長出場記録を更新

タイでおこなわれた2012年FIFAフットサルワールドカップ（→豆知識）。

ドーハの悲劇

カタールのドーハでおこなわれたアメリカワールドカップ最終予選、日本対イラク。前半5分の三浦の先制点の後、日本はイラクの攻撃におされはじめた。後半初めに失点。中山雅史の得点で勝ちこしたが、猛攻に耐える時間が続く。ついに後半ロスタイム、夢の舞台まであと数秒。ピッチ内外の日本関係者が必死に「早く終われ」と念じるなか、相手のコーナーキックからヘディングされたボールが、放物線を描いて日本のゴールに吸いこまれた。その瞬間、日本のワールドカップ初出場の夢は4年後までもちこしとなった。

 フットサルでワールドカップに出場：2012年、三浦は現役サッカー選手を続けながら、フットサル日本代表としてワールドカップに出場した。約1か月の準備期間でフットサルのルールやプレーを身につけ、つねに先頭に立つ姿勢で仲間をリード。日本を初めての決勝トーナメントに導いた。

25

笑顔の下の不屈の努力。日本を救った "魂のゴンゴール"

中山雅史

愛称はゴン。陽気な性格と闘志あふれるプレー、そしてここぞというときの得点力で国民の心をつかんだ。日本初出場のワールドカップでチーム初ゴールをきめ、直後に骨折しても試合終了までプレーする気迫あふれる選手。親しみやすさのいっぽうで、"世界一あきらめの悪い男"の異名どおり現役にこだわりつづけ、多くの試練を克服して結果を出しつづけた。

1970年代ごろ～

1998年フランスワールドカップのジャマイカ戦で、ワールドカップ日本初ゴールをきめた直後の中山。

中山雅史

1967	静岡県に生まれる
1990	ヤマハ発動機（現在のジュビロ磐田）に入団、日本代表デビュー
1993	アメリカワールドカップ最終予選に出場
1994	ジュビロ磐田でJリーグデビュー
1998	フランスワールドカップに出場
2000	J1通算100得点
	Jリーグ史上初の2回目となる得点王
2002	日韓ワールドカップに出場
2005	史上初のJリーグ150ゴールを達成
2010	コンサドーレ札幌に移籍
2012	選手引退
2015	アスルクラロ沼津で現役復帰
2021	ジュビロ磐田コーチに就任
2022	アスルクラロ沼津の監督に就任

ワールドカップ日本代表初ゴール

1994年にJリーグデビューすると、1997年にはジュビロ磐田をリーグ初優勝に導く。1998年には年間36得点という現在もやぶられていない最多記録でJリーグ得点王に輝き、フランスワールドカップでは日本代表初ゴールとなる1得点をあげた。得点直後に右足を骨折していたことを試合終了までだれにも気づかせなかった魂のプレーぶりにも賞賛が集まった。

2002年日韓大会ロシア戦では、ワールドカップ初勝利にも貢献。

ギネス世界記録を2コつくった男

1998年、中山はJリーグで4試合連続ハットトリックを達成。その内訳は5得点、4得点、4得点、3得点という驚異の記録で、連続ハットトリック記録としてギネス世界記録に登録された。また、2000年には日本代表のブルネイ戦で試合開始3分15秒でハットトリックをきめ、国際試合での最短ハットトリックとしてふたたびギネス認定を受けた。

けがから復帰、引退しても復帰

1999年からは、目の下の骨折をはじめさまざまなけがに悩まされたが、その都度おどろきの回復力を見せて戦いに復帰。2000年にはJ1通算100得点を記録し、Jリーグ史上初となる2回目の得点王に輝いた。

2002年日韓ワールドカップの舞台にも、その姿があった。34歳という年齢やリーグ戦での不調から代表選出が危ぶまれていたが、ロシア戦の後半に出場し、日本代表ワールドカップ初勝利に貢献した。その後はJリーグでけがと闘いながら結果を出しつづけ、2005年にはJリーグ史上初の通算150ゴールを達成。2010年にコンサドーレ札幌へ移籍すると、2012年11月にはJ1最年長出場記録（42歳2か月1日）を更新した（2020年に三浦知良が更新）。この年、J1通算355試合出場157得点という大記録を残して現役引退を発表するが、2015年9月にはJ3のアスルクラロ沼津で現役復帰。最後まで現役にこだわり、あきらめずに挑戦しつづけた。

2022年からはアスルクラロ沼津の監督をつとめている。

アスルクラロの中山監督。

テレビCM：明るく元気のよいキャラクターの中山は、多くの企業・団体のテレビCMに出演している。ビール、コーヒー、カレー、冷凍食品、サラダ油、お菓子、ゲーム、銀行、地方自治体など、業種はさまざまだ。

"アジアの壁"とよばれた日本サッカー激動期のリーダー

井原正巳
（いはらまさみ）

　1988年から1999年まで国際Aマッチ出場数122試合。これは2012年まで長らく不動だった、井原による日本代表歴代最多出場記録だ。DFの中心としてゴールを守り、日本にとってFIFAワールドカップ出場が遠い夢だったころから1998年フランス大会初出場がかなうまでの激動の時代に、日本代表成長の要として選手たちをリードした名キャプテン。

1970年代ごろ～

1993年Jリーグ開幕戦、横浜マリノスの一員としてヴェルディ川崎（現在の東京ヴェルディ）と対戦。

井原正巳

1967	滋賀県に生まれる
1986	筑波大学入学
1988	日本代表デビュー
1990	日産自動車（現在の横浜F・マリノス）入団
1993	アメリカワールドカップ最終予選に出場
1995	横浜マリノス初の年間総合優勝に貢献
1998	フランスワールドカップに出場
2000	ジュビロ磐田に移籍しプレー
2001	浦和レッズに移籍
2002	選手引退
2015	アビスパ福岡監督に就任
2023	柏レイソル監督に就任

日本サッカーの守備の中心

　つねに冷静で的確。味方にとってはたのもしい存在だが、相手FWにとっては、強くてクレバーでとても嫌な選手。井原が初めて日本代表に選ばれたのは、中山雅史と蹴球部でコンビを組んでいた筑波大学2年のときだ。すぐに代表に定着すると、1989年にはイタリアワールドカップ予選に出場したが、本大会は夢のまた夢という空気のなかアジア一次予選敗退。4年後には打って変わってJリーグ開幕の熱気のなか、国民の期待を背負ってアメリカワールドカップ予選を戦ったが、ドーハの悲劇（→25ページ）を経験した。

　1997年、日本代表のキャプテンとして「本大会出場が至上命題」といわれたフランスワールドカップアジア最終予選にのぞんだ。そして、一時は絶望的な状況に追いこまれながらも、重圧のなかメンバーをまとめあげてワールドカップ初出場を実現した。本大会直前にはけがに見舞われたが、リハビリをしながらキャプテンの役割をまっとうし、本大会の3戦すべてでフル出場をはたした。

1998年フランスワールドカップのアルゼンチン戦。

ミスターマリノスとよばれる

　Jリーグでは、日本リーグ時代からの名門クラブ横浜マリノス（現在の横浜F・マリノス）に所属し、守備の中心選手として活躍。1995年にはクラブを初の年間総合優勝に導いた。いつしか"ミスターマリノス"とよばれるクラブの象徴的存在となっていたが、1999年の終わりに選手を引退しコーチになることを求められ、移籍を決断した。そしてジュビロ磐田で1年、浦和レッドダイヤモンズ（レッズ）で2年を過ごしたのち、2002年に選手生活を終えた。

ジョホールバルの歓喜

　1997年のフランスワールドカップ最終予選、日本対イラン。前半39分に中山雅史が先制するも、後半開始25秒で同点とされ、14分には逆転をゆるした日本。岡田武史監督はFW2人の交代と守備システム変更を一挙におこない、後半31分に2対2の同点とする。その後、1点入った時点で勝敗がきまるゴールデンゴール方式の延長戦へ。この土壇場で登場したのが、最終予選初出場の岡野雅行。"野人"とよばれる俊足を発揮してゴール前に滑りこみ、歓喜のゴールをもたらした。この瞬間、日本のワールドカップ初出場がきまった。

アジアの壁：井原は1990年代の日本サッカー界を代表するDF。当たりに強いフィジカル、ボールをうばうテクニック、冷静な読みなどにすぐれ、その鉄壁の守備で「アジアの壁」とよばれた。

29

数かずのスーパーセーブで日本をすくった "炎の守護神"

川口能活
（かわぐちよしかつ）

情熱あふれるリーダーシップ。小柄な体格をカバーしてあまりある、たぐいまれな集中力と瞬発力。舞台が大きくなればなるほど、スーパーセーブを連発した。オリンピックで優勝候補を相手に1対0の完封勝利をあげた守護神であり、"神がかり"とよばれたその姿が世界にもインパクトを残した名GKだ。

1970年代ごろ～

1996年アトランタオリンピック・ブラジル戦"マイアミの奇跡"の守護神、川口。

川口能活

1975	静岡県に生まれる
1994	全国高校サッカー選手権で優勝 横浜マリノスに入団
1996	アトランタオリンピックに出場
1998	フランスワールドカップに出場
2001	イングランドのポーツマスFCに移籍
2002	日韓ワールドカップ（代表選出も出場なし）
2003	デンマークのFCノアシェランに移籍
2005	ジュビロ磐田に移籍
2006	ドイツワールドカップ出場
2007	国際Aマッチ100試合出場達成
2008	J1通算300試合出場（GK 3人目）
2010	南アフリカワールドカップ（出場なしもキャプテン）
2014	FC岐阜に移籍
2016	SC相模原に移籍（2018年に選手引退）

マイアミで奇跡をおこした守護神

　若くして横浜マリノス（現在の横浜F・マリノス）の正GKとなった川口能活。国際舞台で輝くのにも時間はかからなかった。20歳で出場した1996年アトランタオリンピック初戦では、優勝候補ブラジルを相手に神がかったスーパーセーブを連発。強豪を相手に１－０の完封勝利をあげた"マイアミの奇跡"の主役となった。この年からフル代表GKとしても歩みはじめ、フランスワールドカップアジア最終予選フル出場で、日本の本大会初出場に貢献。1998年の本大会でも全３試合でゴールを守った。身長180cmたらずというGKとしては小柄な体格ながら、高い集中力と判断力、瞬発力でスーパーセーブを連発する川口は、日本の守護神として世界をわかせる存在になっていった。

マイアミの奇跡

　1996年アトランタオリンピック、日本対ブラジル。ブラジルのスター選手の特徴を綿密に分析し、日本選手に一人ひとりマッチアップさせるという西野朗監督の作戦がみごとに当たった。日本は猛攻をあびながらも、ストライカーのシュートコースを頭にたたきこんだGK川口、身体能力と度胸ばつぐんのDF松田直樹を中心に鉄壁の守備を見せ、MF伊東輝悦による値千金の１ゴールを守りきって勝利した。このブラジル戦の勝利を試合のあった場所にちなんで「マイアミの奇跡」とよんだ。

ワールドカップでもスーパーセーブ

　2001年、川口はイギリス・イングランド２部リーグのポーツマスFCに移籍をはたした。日本人GKでは初となる海外進出だった。しかし、レギュラーをつかめず出場機会を失い、試合勘の鈍りを危ぶまれて日本代表正GKからも外されてしまう。だが2005年にジュビロ磐田の選手としてJリーグに復帰すると、2006年ドイツワールドカップでは全３試合に出場。またもスーパーセーブを連発し、そのうちのひとつが「FIFAワールドカップスーパーセーブベスト10」に選ばれた。
　2010年南アフリカワールドカップでは、出場の機会はなかったがチームキャプテンをつとめた。

2006年ドイツワールドカップのクロアチア戦でPKを止める川口。

アトランタオリンピックのグループリーグ：日本はブラジルに１－０で勝ったが、ナイジェリアに０－２でやぶれる。ハンガリーには３－２で勝利し、日本、ブラジル、ナイジェリアの３チームが２勝１敗で並んだ。だが、トーナメントへは得失点差でブラジルとナイジェリアが進出。日本は２勝しながら敗退となった。

まだまだいる！歴史をつくった選手たち

ラモス瑠偉
FW、MF

Jリーグ初期を熱い心で盛りあげた

ブラジルで生まれ、19歳で来日し、Jリーグ開幕後はスター軍団ヴェルディ川崎の中心選手としてチームを引っぱった。1989年に日本に帰化して日本代表入りし、アメリカワールドカップ最終予選「ドーハの悲劇」を経験。サッカーにかける思いは熱く、多くのサッカーファンに愛され、41歳（当時のJリーグ歴代最高齢）で引退。国立競技場でおこなわれた引退試合には4万8000人の観客が集まった。

● おもな実績
1977年 ブラジルから来日
1993年 アメリカワールドカップ最終予選に出場

柱谷哲二
DF、MF

アメリカW杯をめざした"闘将"

1994年アメリカワールドカップ予選でキャプテンとして日本を率い、その熱血ぶりから"闘将"の異名をとった選手。日本リーグでは日産自動車に所属し、1989年に守備的MFとして初めて年間最優秀選手となった。Jリーグ開幕とともにヴェルディ川崎に移籍し、三浦知良、ラモス瑠偉などとともに黄金期を築いた。引退後はコンサドーレ札幌など、複数のJリーグクラブで監督をつとめた。

● おもな実績
1989年 日本リーグ年間最優秀選手
1993年 アメリカワールドカップ最終予選に出場

福田正博
FW、MF

"ミスターレッズ"のほこり高きストライカー

たくみなボールタッチとスピードを武器に活躍した、1990年代日本代表のエースFW。日本リーグ時代に三菱重工に入団、Jリーグ発足で浦和レッドダイヤモンズと改称されてからも、1995年に日本人選手初のJリーグ得点王に輝くなど存在感をしめし、"ミスターレッズ"とよばれた。2002年シーズン後に引退し、試合解説者やテレビコメンテーターとして親しまれている。

● おもな実績
1993年 アメリカワールドカップ最終予選に出場
1995年 Jリーグ得点王

楢崎正剛
GK

安定感抜群、日韓W杯の正GK

同年代の川口能活の陰にかくれて日本代表では控えの期間が長かったが、4大会連続でワールドカップメンバーに選ばれ、2002年日韓大会では正GKとして活躍した。Jリーグでは横浜フリューゲルスで活躍後、クラブの消滅によって名古屋グランパスエイトに移籍。不動の正GKとして14シーズン連続でキャプテンをつとめた。2009年にはJリーグ史上初の公式戦100試合完封を達成、2010年にはGKとして初めてJリーグMVPに輝いた。

● おもな実績
2002年 日韓ワールドカップに出場
2009年 Jリーグ公式戦100試合完封を達成
2010年 JリーグMVP

FIFAワールドカップと日本代表

いまでは出場するのがあたりまえのように思われているFIFAワールドカップの本大会。だが、男子が初出場をきめたときは日本中が歓喜にわいた。日本代表のこれまでの戦いを見てみよう。

1998年フランス大会に初出場した日本代表。初戦のアルゼンチン戦の試合前。

男子

年	開催地	日本の戦い
1998	フランス	本大会初出場。優勝候補アルゼンチン、強豪クロアチアにはともに0−1で敗北。戦いやすい相手と思われたジャマイカにも1−2でやぶれ、3戦全敗。
2002	日本・韓国	自国開催の盛りあがりのなか、ベルギーとの初戦を2−2で引き分けて初の勝ち点獲得。第2戦でロシアに1−0で初勝利。チュニジアには2−0で勝ち、決勝トーナメント初進出。トルコに0−1でやぶれベスト16で敗退。
2006	ドイツ	海外で活躍する選手がふえて挑むも、オーストラリアとの初戦で1−3の逆転負けを喫する。続くクロアチア戦は0−0、ブラジル戦は1−4でグループステージ敗退。
2010	南アフリカ	カメルーン、オランダ、デンマークという強豪ぞろいのグループステージを2勝1敗で突破する快進撃。ベスト8をかけたパラグアイとの戦いはPK戦で惜敗。
2014	ブラジル	ベスト8の期待を受けたが、コートジボワールに1−2の逆転負け、ギリシャ戦は0−0、コロンビアには1−4とやぶれてグループステージ敗退。
2018	ロシア	コロンビアに2−1で勝利、セネガル戦は2−2、ポーランドには0−1でやぶれるも決勝トーナメント進出。ベスト8をかけたベルギーとの試合は2−0から2−3に逆転された。
2022	カタール	初戦でドイツに2−1の逆転勝利をおさめると、コスタリカとの第2戦（0−1）をはさんでスペインにも逆転勝利し、強豪ぞろいのグループステージを突破。しかし決勝トーナメントではクロアチアにPK対決でやぶれ、またもベスト8にとどかず。

女子

年	開催地	日本の戦い
1991	中国	3戦全敗。
1995	スウェーデン	第2戦でブラジルを相手にワールドカップ初勝利をあげ、準々決勝に進出。
1999	アメリカ	2敗1分でグループステージ敗退。
2003	アメリカ	アルゼンチンとの初戦で6−0の大勝をあげるも、その後2連敗でグループステージ敗退。
2007	中国	1勝1敗1分でグループステージ敗退。
2011	ドイツ	2勝1敗でグループステージを突破し、3連覇をねらうドイツ、強豪スウェーデンを次つぎと下し、アメリカとの決勝はPK戦のすえ勝利。男女を通じアジアのチームとして初めての優勝をはたす。
2015	カナダ	決勝まで勝ちすすんだものの、アメリカにやぶれて準優勝。
2019	フランス	大会準優勝国となったオランダに惜敗しベスト16。
2023	オーストラリア・ニュージーランド	準々決勝でスウェーデンにやぶれベスト8。

33

歴史をいろどる日本代表監督

日本代表を率いて世界と戦った何人もの監督のうち、とくに印象に残る7人を紹介する。

ハンス・オフト

■在任：1992年5月～1993年10月

「ドーハの悲劇」まで日本を導いた

出身国オランダで若手選手育成にたずさわったのち、来日して複数のクラブで結果を出したことをかわれ、日本のワールドカップ初出場をたくされた。就任後はシンプルな戦術指導を徹底し、1年目で国際大会初優勝に導くなど日本代表を急成長させた。アメリカワールドカップアジア最終予選でも快進撃を見せたが、ワールドカップ初出場にあと一歩というところで「ドーハの悲劇」となった。

おもな実績
1992年 AFCアジアカップ 優勝
　　　 ダイナスティカップ 優勝
1993年 アメリカワールドカップアジア最終予選出場

フィリップ・トルシエ

■在任：1998年9月～2002年6月

ワールドカップ決勝トーナメント初進出

アフリカの数か国で監督をつとめ「白い呪術師」の異名をもつすご腕フランス人監督。日本で年代別代表とフル代表の両方を任された。就任翌年にFIFAワールドユースでU-20チームを史上最高の準優勝に導き、シドニーオリンピックでは32年ぶりの決勝トーナメント進出をはたした。2002年日韓ワールドカップでも史上初となる決勝トーナメント進出を達成。多くの結果を残した。

おもな実績
1999年 FIFAワールドユース 準優勝
2000年 シドニーオリンピック ベスト8
2002年 日韓ワールドカップ ベスト16

ジーコ

■在任：2002年7月～2006年6月

日本版「黄金のカルテット」に挑戦

監督経験がなかったが、選手としての偉大さや日本での経験をかわれて代表監督にむかえられた。当時才能の突出していた中田英寿、中村俊輔、小野伸二、稲本潤一を中盤で同時起用する「黄金のカルテット」を実現させ、選手たちに自由にプレーさせるスタイルでドイツワールドカップの予選を勝ちぬき、世界最速で本大会出場権を獲得。史上最高の日本代表のよび声高く本大会に挑んだが、2敗1分でグループリーグ敗退を喫した。

おもな実績
2004年 AFCアジアカップ 優勝
2006年 ドイツワールドカップ グループリーグ敗退

34

サッカー

イビチャ・オシム

■在任：2006年7月〜2007年11月

日本サッカーのよさをのばした名監督

母国、旧ユーゴスラビアの代表やヨーロッパのクラブで監督手腕をふるったあと、ジェフ市原の監督となり就任3年目でクラブに初タイトルをもたらした。2006年より日本代表監督として「考えて走るサッカー」「日本人のよさをいかしたサッカー」をめざしてチームづくりをはじめたが、病気のため1年あまりで監督を辞任。しかし、その深い考えにもとづいた語りは、サッカーを超えて日本の人びとに感銘をもたらし、尊敬を集めた。

おもな実績　2007年 AFCアジアカップ 4位

岡田武史

■在任：1997年10月〜1998年7月、2007年12月〜2010年7月

2度ワールドカップを戦った理論派

1997年、フランスワールドカップ最終予選の最中に、急きょコーチから監督へと昇格。日本をワールドカップ初出場へと導いたが、本大会では0勝3敗で監督を退任した。2007年には急病に倒れたイビチャ・オシムの後任に選ばれ、南アフリカワールドカップではグループリーグ2勝1敗の快進撃でベスト16に進出し、ベスト8をかけた一戦はPK戦にもちこむ善戦だった。頭脳的な采配、熱い心、選手との信頼関係という3拍子がそろった人物。

おもな実績　1998年 フランスワールドカップ グループリーグ敗退
2010年 南アフリカワールドカップ ベスト16

佐々木則夫

■在任：2007年12月〜2016年3月

「なでしこジャパン」の黄金期を築いた

2011年ドイツワールドカップで「なでしこジャパン」を日本男女通じて初となる優勝に導き、翌年アジア人として初めてFIFA女子年間最優秀監督賞を受賞。その後2016年までの在任期間中、ロンドンオリンピック銀メダル、AFCアジアカップ初優勝、カナダワールドカップ準優勝など多くの栄光に輝き、ち密で勇敢な日本女子サッカーを世界に見せつけた。監督辞任後も、日本女子サッカーの普及やレベルアップに力をつくしている。

おもな実績　2011年 ドイツワールドカップ 優勝
2012年 ロンドンオリンピック 銀メダル
2015年 カナダワールドカップ 準優勝

森保 一

■在任：2018年7月〜

強いリーダーシップで2大会連続代表監督へ

選手時代はオフト監督に見いだされて代表に招集され、"ドーハの悲劇"を経験。引退後はサンフレッチェ広島の監督として優勝をかさねたのち、東京オリンピック代表とフル代表の監督を兼務。東京オリンピックではベスト4、カタールワールドカップではドイツとスペインを撃破する快進撃を見せ、強いリーダーシップと勇気ある名采配を世界から高く評価された。2026年のワールドカップまで日本代表を率いることがきまっている。

おもな実績　2021年 東京オリンピック ベスト4
2022年 E-1サッカー選手権 優勝
カタールワールドカップ ベスト16

35

日本から世界へはばたく
2000年代ごろ〜

ワールドカップ日韓大会が開催される

　2002年、待望のFIFAワールドカップ国内開催となる日韓大会がはじまる。フィリップ・トルシエ監督率いる日本代表の初戦はベルギー戦。前半はたがいに無得点だったが、後半12分、ベルギーに先制点をゆるしてしまう。だが、その2分後に鈴木隆行がつま先でボールをおしこみ、初得点。さらに後半22分、稲本潤一がドリブルからゴールをきめ、逆転。しかしその後に追いつかれ、結果は2－2のドロー。ワールドカップ初勝利はのがしたが、初めての勝ち点を獲得した。
　続く第2戦、ロシアとの戦いでは、稲本が落ちついて2試合連続となるゴールをきめて1－0。日本は待望の

ワールドカップ日韓大会ベルギー戦、つま先でボールをおしこむ鈴木隆行。

ワールドカップ初勝利をかざった。この試合は、テレビ視聴率が日本スポーツ史上第2位となる66.1％を記録した。第3戦チュニジア戦では森島寛晃がゴールをきめる。さらに中田英寿が追加点をうばって2－0で勝利。待ちに待ったグループリーグ突破だった。決勝トーナメント1回戦でトルコに0－1でやぶれたが、日本代表は地元開催のワールドカップで、初めての勝ち点、初勝利、ベスト16進出というすばらしい結果を残した。

日本人選手が海外で活躍する時代の到来

　このころから日本人選手の海外挑戦がはじまる。三浦知良のように最初に海外でサッカーを経験した選手はいたが、日本で活躍した選手が海外チームに移籍したことは、1977年にドイツのブンデスリーガへわたった奥寺康彦（→22ページ）以来ほぼいなかった。ところが1998年ワールドカップフランス大会に初出場すると、Jリーグ選手の海外移籍がはじまる。1998年に中田英寿がイタリアのペルージャへ、2001年には小野伸二がオランダのフェイエノールト・ロッテルダムに移籍した。
　2002年日韓ワールドカップが終わると、日本人選手

の海外移籍はふえていく。大会直後に鈴木隆行がベルギーへ、7月には中村俊輔がイタリアへわたる。2003年には柳沢敦もイタリアへ、2004年には松井大輔がフランスへわたった。この時代は、ワールドカップなどの国際試合で活躍し、それがみとめられて海外のチームへ移籍するというケースが多かった。
　2010年ごろから海外移籍選手がさらにふえる。2014年ブラジルワールドカップでは日本代表のうち、本田圭佑、長友佑都、岡崎慎司、香川真司、長谷部誠など、海外組がおよそ半数をしめるようになった。2022年カ

イギリス・スコットランドのセルティックで活躍する中村俊輔。

タールワールドカップでは、26人のメンバーのうち国内組はわずか7人。3分の2以上が海外組となったのだ。そして海外挑戦が低年齢化していく。二十代前半の海外移籍もめずらしくなくなり、10歳でスペインへわたった久保建英、18歳でオランダへわたった堂安律、19歳でベルギーへ行った冨安健洋など、国内より海外経験のほうが長い選手もふえた。「日本の一流選手は海外へ行くのがあたりまえ」となった。

女子がワールドカップで優勝する快挙

女子の活躍も忘れてはいけない。2011年3月11日、日本を東日本大震災がおそう。そのショックから立ちなおれないでいた6月にFIFA女子ワールドカップドイツ大会がはじまった。日本はグループリーグを2位通過する。決勝トーナメント1回戦の相手は開催国のドイツ。0−0のまま延長にもつれこんだが、丸山桂里奈がゴールをきめ、1−0で勝利した。準決勝のスウェーデン戦は、開始10分に先制されるも、川澄奈穂美が2点、澤穂希が1点をきめ、3−1で快勝した。

決勝の相手は、当時世界一の実力をほこったアメリカ。前半はアメリカの猛攻を日本が全力でしのぐ展開。後半24分、アメリカに先制されるが、日本はすぐに宮間あやが同点とする。アメリカはさらに攻めつづけるが、試合は1−1で延長に突入。延長前半、得点したのはアメリカのエースストライカー、アビー・ワンバックだった。だが日本はあきらめない。試合終了の3分前、日本はコーナーキックを得た。宮間が左コーナーからニアに蹴り、澤が走りこんで右足のアウトサイドであわせ、ボールはゴールに吸いこまれた。試合は2−2のまま120分を終えた。

むかえたPK戦、王者アメリカには絶対に負けられない緊張感があった。日本はというと、笑顔を見せるほど余裕があった。それが勝敗を分けた。アメリカのキックは、日本のGK海堀あゆみが2本を止め、1本はクロスバーの上へはずれる。きまったのは1本だけだった。日本は1本止められたが、3本きめた。PK3−1で世界の頂点に立ったのだ。

なでしこジャパンのワールドカップ優勝は、東日本大震災で元気をなくしていた日本国民に大きな感動をもたらした。

女子ワールドカップドイツ大会で優勝した「なでしこジャパン」。

世界中に名をひびかせた初めての日本人サッカープレーヤー

中田英寿
なかたひでとし

高校時代から世界一流リーグ、セリエAでの活躍を考えてイタリア語を学び、移籍を実現した。強いフィジカルとするどい頭脳、そして要求の高さゆえときに味方をも苦しませる"キラーパス"。軽がると国境を越え、世界最高峰といわれるリーグで日本選手として初めて優勝（スクデット）を手にした、世界的スター選手のひとり。

2000年代ごろ〜

1996年アトランタオリンピック、ブラジル選手からボールをうばう中田。

中田英寿

1977	山梨県に生まれる
1993	U-17世界選手権 ベスト8
1995	Jリーグデビュー。ワールドユース ベスト8
1996	アトランタオリンピック出場
1997	AFC年間最優秀選手賞
1998	フランスワールドカップ出場。ACペルージャに移籍
2000	ASローマに移籍。シドニーオリンピック出場
2001	セリエA優勝（日本人初）。ACパルマに移籍
2002	コッパ・イタリア優勝。日韓ワールドカップ出場
2004	ボローニャFCに期限付き移籍
	ACFフィオレンティーナに移籍
2005	イギリス・イングランドのボルトン・ワンダラーズFCに期限付き移籍
2006	ドイツワールドカップ出場後、選手引退

日本選手初のセリエA優勝メンバー

　その目は十代なかばから、世界の一流でプレーする自分を正確に予想していた。U-17世界選手権（現在のU-17ワールドカップ）でベスト8、ワールドユース（現在のU-20ワールドカップ）でベスト8。ベルマーレ平塚（現在の湘南ベルマーレ）に入団すると、開幕早そうにプロ初ゴールをきめる。アトランタオリンピックには日本オリンピックサッカー史上最年少の19歳で出場し、"マイアミの奇跡"（→31ページ）の一員となった。1997年にフル代表に初招集されるとすぐさま司令塔として中心的役割をにない、"ジョホールバルの歓喜"（→29ページ）では全得点の起点となるはたらき。フランスワールドカップに出場すると、その才能に目をつけた世界の一流クラブから次つぎとオファーがとどいた。
　最初の海外移籍先はセリエAのACペルージャだった。高校生のときからセリエAでの活躍を見すえてイタリア語を習得し、言語の壁もとりはらっていた中田は、入団早そういかんなく能力を発揮。開幕戦でいきなり2得点するなど主力選手として活躍した。次年度にはリーグ屈指の強豪であるASローマに移籍。2001年には日本選手として初めてセリエAの優勝メンバーとなった。

セリエA、ペルージャ対ユベントス戦でデビュー初ゴールをきめる。

日本代表としての熱い活躍

　セリエAでの活躍と並行して、2000年シドニーオリンピック、2002年日韓ワールドカップでは日本の中心選手としてチームを決勝トーナメントに導いた。2006年、29歳で自身3度目のワールドカップにのぞむ。全試合にフル出場した彼は、グループリーグ敗退の笛が鳴ると、ピッチの真ん中に数分間にわたって寝ころんだ。長い年月を全力で走りきり引退。すべてを出しつくした孤高の選手の姿だった。
　若くして選手生活に別れをつげた中田はその後、世界中でのサッカーを通じた交流や、日本人としては初となるチャリティーマッチの開催、日本の伝統文化を世界に伝えるとりくみなどの活動で世界と日本の架け橋となっている。

ライバル、フランチェスコ・トッティ

中田がリーグ優勝を経験したASローマには、フランチェスコ・トッティという絶対的な存在がいた。抜群のパスセンスと得点力をほこる司令塔で、クラブ歴代通算最多得点、最多出場を達成した選手だ。中田はトッティの控えという立場に甘んじることが多かったが、出場時にはきっちりと役割をはたし、一目おかれる存在に。2人の交流は現在も続いている。

スクデット：イタリア語で「小さな盾」という意味で、イタリア・セリエAで優勝すること。また、優勝チームにあたえられるイタリアの国旗の色をした盾のかたちのパッチのこと。次のシーズンはユニフォームに縫いつけて出場することができる。中田はASローマでスクデットを獲得した。

"黄金の左足"で世界を魅了した日本最高のキッカー

中村俊輔
なかむらしゅんすけ

そのフリーキック(FK)は、速く、美しく、急激な弧を描いて相手ゴールをおとしいれる。だれにもまねできない芸術的なFKを武器に、数かずの舞台で伝説を残した選手。彼の左足から放たれたボールは、おどろくような放物線で相手GKの手がとどかない場所に吸いこまれる。ずばぬけた技術と創造性で攻撃をつかさどり、世界中のファンを魅了した。

2000年代ごろ～

セルティックでは3度のリーグ優勝に貢献した。

中村俊輔

1978	神奈川県に生まれる
1997	横浜マリノス（現在の横浜F・マリノス）に入団
	ワールドユース（現在のU-20ワールドカップ）出場
2000	シドニーオリンピック出場。JリーグMVP
2002	イタリア・セリエAのレッジーナに移籍
2005	イギリス・スコットランドのセルティックに移籍
2006	ドイツワールドカップ出場
	UEFAチャンピオンズリーグ出場
2007	日本人初のヨーロッパリーグ連覇。アジア人初のヨーロッパリーグMVP
2009	スペインリーグのRCDエスパニョールに移籍
2010	横浜F・マリノスに復帰
	南アフリカワールドカップ出場
2013	史上初の2度目のJリーグMVPに輝く
2017	ジュビロ磐田に移籍
2019	横浜FCに移籍
2022	選手引退

世界最高峰の舞台で伝説をつくる"天才レフティ"

　中村俊輔は22歳で出場した2000年シドニーオリンピックで攻撃の中心となり、ベスト8進出の立役者のひとりとして活躍。その左足から生みだされる多彩な攻撃は観客をとりこにし、同年、史上最年少でJリーグのMVPに輝いた。

　2002年、イタリア・セリエAのレッジーナに移籍をはたした中村は、すぐにFKやPKをまかされる中心選手になった。3年間の活躍ののち、イギリス・スコットランドの強豪、セルティックFCに移籍。2006年、UEFAチャンピオンズリーグでマンチェスター・ユナイテッドFCを相手に2度にわたってFKで得点。オランダの名GK、エトヴィン・ファンデルサールを2度も攻略したFKの威力は世界の度肝を抜き、クラブを初の決勝トーナメントに導いた彼の名はセルティックの伝説として刻まれることとなった。2007年にはセルティックをリーグ2連覇に導き、アジア人初のヨーロッパリーグMVPとなるスコットランド・プレミアリーグMVPに輝いた。

日本一のFKの秘密

　J1できめた直接FKでのゴール数は歴代選手のなかで圧倒的に多い24。日本代表や海外でのゴールも含めるとおよそ60にもなる。この技術は、幼いころから「ゴールの枠」ではなく「的」を意識してかさねた練習のたまもの。そして、プロ入り後、中村の日課であった居残りFK練習に何度もつきあったクラブの先輩、川口能活の存在も欠かせない。

Jリーグでもレジェンドになった

　中村はスペインリーグでさらに経験を積み、2010年にJリーグに復帰。選手生活の集大成としてのぞんだ南アフリカワールドカップでは不調に泣かされ出場機会にめぐまれなかったが、その後もJリーグで長年活躍を続け、2013年には史上初となる2回目のJリーグMVPに35歳で選出。そして横浜F・マリノスで6シーズン連続キャプテンをつとめたのち、44歳になった2022年、横浜FCで選手生活を終えた。

　彼の左足が描いた数多くの美しい軌跡は、世界中の人びとの記憶に刻まれている。中村俊輔はそんな名選手だ。

ゴール数だけでなく、美しさでも日本一といわれたFK。

 セルティック：世界中にファンをもつ強豪クラブ。人気を2分するレンジャーズFCとの試合は世界最古・世界最大級のダービーとよばれる。日本人選手も多く在籍し、2023年には古橋亨梧が日本人として中村以来2人目のリーグMVPに輝いた。2022年カタールワールドカップでゴールした前田大然もセルティックの一員だ。

アジア人初のFIFA最優秀選手、日本女子サッカーのレジェンド

澤 穂希

マイナー競技だった日本女子サッカーをワールドカップ優勝にまで導き、男女通じてアジア人初となるFIFA最優秀選手賞に輝いた世界的レジェンド。アメリカで技術と戦術を身につけ、日本の女子サッカーをリードした澤。日本代表では攻守にわたってチームを引っぱり、「なでしこジャパン」を花開かせた。澤が中心になってつかんだ2011年ワールドカップ優勝は、東日本大震災でしずんでいた日本をおおいに元気づけた。

2000年代ごろ〜

男子チームにひとりまざって

小学2年のとき、女の子という理由で少年サッカークラブの入団をしぶられるも、実力をみとめさせて正規メンバーに。中学校に入ると日テレ・ベレーザ（現在の日テレ・東京ヴェルディベレーザ）の下部組織に入団。そしてすぐにトップチームに昇格する。1993年、15歳で日本代表に初招集されると、デビュー戦で4得点の活躍。世界では、1991年に女子ワールドカップがはじまったばかり。澤は1995年の第2回大会を皮切りに、6大会連続出場をはたすことになる。

なでしこジャパン快進撃の柱に

オリンピックでは1996年アトランタ大会から女子サッカーが正式種目となったが、日本はこの大会で全敗。日本女子サッカーを強くしようと、1999年、澤は当時女子サッカー大国だったアメリカのクラブに移籍。力をみがき2004年に帰国した。
「なでしこジャパン」として再出発した日本代表は、オリンピックでは2004年アテネ大会でベスト8、2008年北京大会ではベスト4と階段をかけあがる。澤はL・リーグと日本代表で活躍を続け、2006年には国際Aマッチ100試合出場を達成。技術はもちろん、90分間全力をつくす澤の姿勢がチームに浸透し、なでしこジャパンは見る者の感動をよんだ。
2011年6、7月、ドイツワールドカップの舞台で、32歳の主将、澤は最高の輝きを放つ。グループリーグ第2試合でハットトリックを達成し、釜本邦茂のもっていた日本選手の国際Aマッチ通算最多得点を更新すると、準決勝でもゴール。歴史的な熱戦となったアメリカとの決勝で澤は、延長終了間際、ゴールにほぼ背を向けた状態から右足ボレーによるあざやかな同点弾をきめる。その後のPK戦で勝利し、なでし

2011年ドイツワールドカップのメキシコ戦でハットトリックを達成。

澤 穂希

1978	東京都に生まれる
1991	読売クラブメニーナ入団。トップチームの日テレ・ベレーザに昇格
1993	日本代表デビュー
1995	スウェーデンワールドカップ出場
1996	アトランタオリンピック出場
1999	アメリカWリーグのコロラド・デンバー・ダイヤモンズに移籍。アメリカワールドカップ出場
2000	アメリカ女子サッカーリーグのアトランタ・ビートに移籍
2003	アメリカワールドカップ出場
2004	日本へ帰国、日テレ・ベレーザに復帰 アテネオリンピック出場
2006	国際Aマッチ100試合出場達成
2007	中国ワールドカップ出場
2008	北京オリンピック 4位
2011	ドイツワールドカップ 優勝。INAC神戸レオネッサに移籍。FIFA女子最優秀選手賞受賞。日本最優秀選手賞受賞
2012	ロンドンオリンピック 銀メダル
2015	カナダワールドカップ 準優勝 選手引退

こジャパンは男女通じてアジアで最初のワールドカップ優勝チームとなった。2011年3月11日に発生した東日本大震災により悲しみの底にあった日本国民は、未来への確かな灯を見た。

2011年ドイツワールドカップで優勝し、佐々木則夫監督とトロフィーをかかげる澤。

2011年ドイツワールドカップ優勝メンバー

なでしこジャパンは2011年、団体として初の国民栄誉賞受賞者となった。ナンバーワンの技術と攻撃センスをもつ司令塔・宮間あや、決勝で2本のPKを止めたGK海堀あゆみ、チーム最年少で後に日本のエースに成長する岩渕真奈、ドリブル突破もち味の大野忍、澤引退後のチームをけん引し2023年ワールドカップにも出場した熊谷紗希ら、才能ゆたかな選手たちが2011年ドイツワールドカップの優勝をつかんだ。

愛称は「なでしこジャパン」：サッカー日本女子代表の愛称が「なでしこジャパン」に決定したのは、2004年7月。記者会見では澤たち数名の選手が浴衣を着て、毛筆で書いた「なでしこジャパン」の文字を披露した。筆で書いたのは澤だった。

5大陸をまたにかけて活躍したクールなチャレンジャー
本田圭佑
ほんだけいすけ

ワールドカップでは2010年南アフリカ大会の2ゴールを皮切りに、3大会連続ゴールをきめた初めての日本人選手。セリエAの名門ACミランでチームの要である「背番号10」をつけるなど、高い技術と強い個性で世界中のクラブをわたりあるいてゴールを量産した。そのプレースタイルとファッションで人びとに強いインパクトをあたえつづけた、世界でも異色の存在だ。

2000年代ごろ～

小学校時代からの夢

　小学校の卒業文集に書いた言葉は「セリエAに入団し背番号10で活躍する」。名古屋グランパスエイトでのプロデビューののち、オランダリーグのVVVフェンロで海外でのキャリアをスタートさせると、2年目にはキャプテンを任され、16ゴール13アシストの活躍でクラブを2部リーグから1部リーグに引きあげた。2010年にはロシアのCSKAモスクワに移籍し、たちまちUEFAチャンピオンズリーグで活躍して日本人初、またロシアのクラブとしても初のベスト8進出の原動力になった。

「本田不要論」をふきとばす

　ワールドカップでは2010年南アフリカ大会に初出場し、グループリーグ3試合にフル出場。初戦のカメルーン戦で決勝点をあげてチームを勢いにのせる。第3戦のデンマーク戦ではFKをきめて先制すると、岡崎慎司のゴールをアシストし、この試合で決勝トーナメント進出をきめる。日本代表が自国開催以外のワールドカップで決勝トーナメントに進出したのはこれが初めてだ。この大会で本田は、試合でもっとも活躍した選手にあたえられる「マンオブザマッチ」に3度も輝いた。

　2014年、イタリア・セリエAの名門ACミランにエースナンバーの「背番号10」でむかえられる。その年のブラジルワールドカップでは日本はグループリーグ敗退を喫したが、本田は3試合フル出場し、2大会連続得点をきめるなど存在感を見せた。しかし、その後調子を落とした本田に対してファンやメディアのあいだで「代表に本田はいらない」とする「本田不要論」がさけばれるようになる。そしてついに2017年に代表メンバーをはずれてしまう。だが、2018年に代表に復帰した本田はロシアワールドカップに出場。初戦で大迫勇也のゴールをアシストして、アジア人初のワールドカップ3大会連続アシストを達成。第2戦ではゴールをきめたが、これが日本人選手初のワールドカップ3大会連続ゴールになった。チームは決勝トーナメントに進出。SNS上で「代表に本田はいらない」といっていた人たちが、いっせいに「本田さんごめんね」と書きこんだ。

本田圭佑

1986	大阪府に生まれる
2005	名古屋グランパスエイトに入団
	ワールドユース（現在のU-20ワールドカップ）出場
2008	オランダのVVVフェンロに移籍。北京オリンピック出場
2010	ロシアのCSKAモスクワに移籍
	南アフリカワールドカップ出場
2011	アジアカップ 優勝
2014	セリエAのACミランに移籍
	ブラジルワールドカップ出場
2016	ワールドカップアジア予選7試合連続ゴール
2017	メキシコのCFパチューカに移籍
2018	ロシアワールドカップ出場。カンボジア代表の実質監督就任。オーストラリアリーグのメルボルン・ビクトリーFCに移籍
2019	オランダのSBVフィテッセに移籍
2020	ブラジルのボタフォゴFRに移籍
2021	アゼルバイジャンのネフチ・バクーに移籍
	リトアニアのFKスードゥヴァ・マリヤンポレに移籍

2010年南アフリカワールドカップのカメルーン戦でゴールをきめた直後。

2018年ロシアワールドカップ第2戦のセネガル戦でゴールをきめる。

本田△

　両腕に時計をするファッションスタイルや思いきりのよい言動など、強い個性が光る本田。日本代表やクラブでは監督との意見対立がたびたび話題になり、"ビッグマウス"と批判されることもあった。しかし大舞台でつねに結果を出していく有言実行の姿にいつしか尊敬が集まり、「本田△（「本田さんかっけー」＝本田さんかっこいい）」がネット上で流行した。

世界の若者へのまなざし：本田は国内外で約80のサッカースクールのほか、ジュニアユースチームやプロサッカークラブを運営している。サッカーを通じた世界の子どもたちへの支援がみとめられ、国連財団からも高く評価された。

日本代表キャップ数歴代最多。仲間や指導者から尊敬を集めた名選手

遠藤保仁

高い技術をもつ選手ならではの正確なボールコントロール。シャープな頭脳で的確な状況判断をするゲームコントロール。抜群の安定感で日本の中盤を支えつづけ、日本歴代最多となる152のフル代表キャップ数をほこる「チームの心臓」。監督や仲間から厚い信頼を集めた遠藤は、ひたすらJリーグでプレーしつづけた信念の人でもある。

2000年代ごろ～

2010年南アフリカワールドカップでFKからのゴール。

遠藤保仁

1980	鹿児島県に生まれる
1998	横浜フリューゲルスに入団
1999	ワールドユース（現在のU-20ワールドカップ）で2位 京都パープルサンガに移籍
2001	ガンバ大阪に移籍
2004	アジアカップ 優勝
2005	ガンバ大阪がJリーグ初優勝
2008	AFCチャンピオンズリーグ 優勝
2009	アジア年間最優秀選手賞
2010	天皇杯連覇。南アフリカワールドカップに出場
2011	アジアカップ 優勝
2014	ブラジルワールドカップ出場。Jリーグ最優秀選手賞
2015	国際Aマッチ150試合を記録 日本選手初のアジアカップ4大会連続出場
2018	フィールドプレーヤー初のJ1リーグ通算600試合達成
2019	Jリーグ史上初の20年連続開幕戦先発。日本選手初の公式戦1000試合出場を達成
2022	ジュビロ磐田に移籍（翌年引退）

監督もおどろくゲームコントロール能力

幼いころから2人の兄とともにサッカーボールに親しみ、ワールドカップの試合映像に熱中する少年時代を過ごした遠藤。若いころから抜きんでた技術と状況判断力を身につけ、「黄金世代」の一員として1999年ワールドユース準優勝を手にした。Jリーグでも1年目からレギュラーをつかみ、2005年には所属するガンバ大阪を初優勝に導いた。プレーの特徴は、ボールキープがうまく、パスの精度がとても高いこと。ひろい視野から落ちついて状況を理解し、正確なパスをくりだす。自分を、チームを、そして相手をコントロールする高い能力をもっている。かつての代表監督イビチャ・オシムは「彼がいれば監督は必要ない」と語った。

2005年Jリーグでガンバ大阪を優勝に導いた遠藤（中央下）。

Jリーグひとすじ、佐藤寿人

遠藤と同様、高い能力をJリーグひとすじにささげた名選手。スピードと技術をあわせもつアタッカーで、Jリーグ通算得点数歴代1位（220得点）をほこる。12年間サンフレッチェ広島に在籍し、2012年にはJリーグMVP、得点王、ベストイレブン、フェアプレー個人賞の史上初の四冠に輝いた。

自分の道をつらぬいて日本サッカーに貢献

2008年にはAFCチャンピオンズリーグでクラブ初のアジア制覇を成しとげ、大会MVPに選出。FIFAクラブワールドカップでは準決勝でやぶれたが、対戦相手で優勝クラブとなったマンチェスター・ユナイテッドの監督から賞賛された。2009年には、アジア年間最優秀選手賞を日本選手として史上5人目の受賞（ほかの4人は三浦知良、井原正巳、中田英寿、小野伸二）。南アフリカワールドカップのアジア予選では攻守のかじとりをまかされ、監督から「チームの心臓」とよばれるほど信頼された。ワールドカップ本大会では全試合にスタメン出場。チームナンバーワンの走行距離を記録し、ゴールもきめて、ベスト16進出の立役者となった。2011年のアジアカップでも6試合すべてでゲームを主導し、日本を2大会ぶりのアジア制覇に導いた。

海外からいくつものオファーがとどいていたが、遠藤は自分の求めるサッカーをつらぬき、日本でプレーしつづけた。自分の道をたんたんと歩んで日本サッカーに貢献し、仲間や指導者からも尊敬を集めた遠藤の選手人生は、独自の輝きを放つ。

豆知識 名物、コロコロPK：いつも冷静さを失わない遠藤の代名詞「コロコロPK」。強いプレッシャーのかかるPKの場面で、遠藤はGKの心理や動きをじっと見きわめ、逆をつき、コロコロとしたおそいボールでゴールをおとしいれる。この巧妙なプレーで、彼はJ1リーグにおけるPK得点通算31点という最多記録をもっている。

明るい情熱と強い体幹、走りつづけて大記録
長友佑都

大学に入るまで日本でも無名だった小柄の選手が、たった数年でヨーロッパデビュー。セリエAの名門チームに欠かせない人気者に成長した。日本代表としても、ワールドカップ3大会連続フル出場。その明るさでチームを盛りあげた長友。地道な努力と情熱、強いスタミナとフィジカル、そしておどろくべき"人間力"をもった魅力あふれる選手だ。

2000年代ごろ～

大学の観客席からセリエAへ

　高校時代に目立った活躍がなく、大学1年のときには観客席で太鼓をたたいてチームメイトのプレーを応援していた無名の小柄な選手、長友。MFからDFにコンバートされ、「なにくそ、ぐいぐい攻撃に参加してやる」と闘争心に火がついた。高校時代からきたえあげた強い体幹とスタミナ、スピードを武器に、サイドバックとして花開いた長友は、FC東京との練習試合でその能力をみとめられ入団。そこからは早かった。大学在学中にフル代表デビューし、北京オリンピックにも出場。2010年南アフリカワールドカップでは全4試合にフル出場して「エースキラー」の名をとどろかせ、大会後にイタリア・セリエAのACチェゼーナに移籍をはたした。このセリエAの舞台でも、長友は階段をかけのぼる。

名門インテルで欠かせない存在に

　2011年、セリエAの強豪インテルナツィオナーレ・ミラノに移籍。レギュラーに定着すると、負傷や新選手の補強によるポジション争いで出場から遠ざかる期間を何度もはさみながらも、クラブに欠かせない選手としてチームメイトやファンに愛され、2014年には副キャプテンに任命された。そして2017年、インテルでの200試合出場を達成した。

セリエA・インテルで。

　日本代表としてもチームをリード。ワールドカップには2010年南アフリカ大会から連続して出場。2018年ロシア大会までの3大会は全試合フル出場、2022年カタール大会では全4試合に先発出場し、4大会15試合出場という日本代表ワールドカップ最多出場を記録した。2017年には史上7人目となる国際Aマッチ出場100試合を記録している。
　自他ともにみとめる「コミュニケーションの鬼」という性格に加え、どんな環境でも労を惜しまず全

長友佑都

1986	愛媛県に生まれる
2005	明治大学に入学
2008	在学中にFC東京でJリーグデビュー。フル代表デビュー。北京オリンピック出場
2010	南アフリカワールドカップ出場
	イタリア・セリエAのチェゼーナにレンタル移籍
2011	アジアカップ 優勝
	インテルナツィオナーレ・ミラノに移籍
2014	ブラジルワールドカップ出場
2018	トルコのガラタサライSKに移籍
	ロシアワールドカップ出場
2019	アジアカップ出場
2020	フランスのオリンピック・マルセイユに移籍
2021	FC東京に復帰
2022	カタールワールドカップ出場

2022年ワールドカップアジア最終予選でオーストラリア代表とはげしくせりあう。

言葉を覚える前にチームにとけこんだ!?

　イタリア語の習得もまにあわないセリエAへのスピード移籍だったが、陽気な性格の長友は身ぶり手ぶりでアピール。イタリア語が話せるようになったのは、チームにすっかりとけこんだ後だった。インテルでも「チーム1の人気者」「本当はイタリア人では」などといわれた長友。「日本人はおとなしくてまじめ」というイメージを打ちやぶったその"コミュ力"も痛快だ。

力で走りつづけ、苦境にも明るさを失わず挑戦を続ける情熱。これが「才能がなくても努力で道は開ける」という彼の言葉の証明だ。

日本にイタリア語旋風：イタリア語をマスターした長友は、日本にイタリア語を流行させた。2016年、恋人をさしていった「アモーレ（愛する人）」という言葉が流行語大賞にランクイン。2022年カタールワールドカップでは「ブラボー！（すばらしい！）」を連発。「ブラボー！」は日本中の合言葉になった。

センターバックとして初めて海外で活躍、たよれる兄貴分
吉田麻也

めぐまれた体格と冷静な判断力で、クラブでも日本代表でも若くしてディフェンスの要として活躍。親しみやすい性格と強いリーダーシップをかわれてオリンピックに3度出場し、2度にわたりキャプテンとして若い選手をたばねた。オリンピック通算13試合出場はプロとして世界最多タイとなる出場記録。2022年カタールワールドカップではキャプテンをつとめ、チームをリードした。

2000年代ごろ〜

オランダで活躍し、あこがれのイングランドへ

　旅行気分で参加した名古屋グランパスユースのセレクション（選抜テスト）に合格し、12歳で親元をはなれて愛知県の名古屋へ。吉田の本格的なサッカー人生がはじまった。体格のよさ、戦術理解力とすぐれたリーダーシップで早くから頭角をあらわす。

　Jリーグデビューは2007年。守備の要、センターバックのポジションでレギュラーを獲得した。2008年、19歳で北京オリンピックに出場したが、ここで対戦相手オランダのエースをおさえこんだプレーを見こまれ、2009年12月にオランダのVVVフェンロに移籍をはたす。

　だが、オランダ移籍は試練のはじまりとなった。負傷し、手術・リハビリに半年以上かかって、ようやく試合デビューするもレギュラーは遠い。いっぽうでDFながら高い得点能力を発揮し、2011年9月にあげたジャンピングボレーによるゴールが、サッカー番組の視聴者投票でシーズンベストゴールに選ばれた。2012年には、イギリス・イングランドのサウサンプトンFCに移籍。ポジション争いに苦しんだが、2017年にはレギュラーに定着。プレミアリーグ初の日本人センターバックとして活躍した。たびたびキャプテンマークを巻いてプレーし、日本人選手初となるプレミアリーグ100試合出場を達成するなど、大きな存在感を見せた。

吉田麻也

1988	長崎県に生まれる
1999	名古屋グランパスエイトU-15セレクション合格
2007	Jリーグデビュー
2008	北京オリンピック出場
2009	オランダVVVフェンロに移籍
2012	ロンドンオリンピック出場
	イングランドのサウサンプトンFCに移籍
2014	ブラジルワールドカップ出場
2017	日本人選手初のプレミアリーグ100試合出場達成
2018	ロシアワールドカップ出場
2020	イタリア・セリエAのUCサンプドリアに移籍
2021	東京オリンピック出場
2022	カタールワールドカップ出場
	ドイツのシャルケ04に移籍
2023	アメリカのロサンゼルス・ギャラクシーに移籍

信頼される日本代表のキャプテン

　2012年、オーバーエイジ枠で主将として出場したロンドンオリンピックでは4位の好成績を残し、2014年ブラジルワールドカップでも全3試合にスタメン出場。この大会では予選全試合に900分間フル出場という記録も打ちたてている。

　2018年ロシアワールドカップでは全4試合で日本のディフェンス陣をまとめあげ、2021年には主将として3度目のオリンピック（東京大会）を経験。オリンピック通算13試合出場は、年齢制限がはじまって以来の世界最多出場記録だ（それ以前の記録をあわせるとタイ記録）。2022年カタールワールドカップでも主将としてチームをベスト16に導いた。

　年上からも年下からも親しまれる、気さくさとたよりがいをあわせもつキャプテンが、日本サッカーの一時代を支えた。

2021年東京オリンピックではオーバーエイジとして出場。

2022年カタールワールドカップ、ドイツ選手からボールをうばう。

プレミアリーグで活躍したアジア人

　2023年にドイツメディアが発表した「プレミアリーグで活躍したアジア人ベスト10」で、3位に岡崎慎司、5位に吉田麻也、7位に香川真司が選ばれた。1位は2000年代にマンチェスター・ユナイテッドで活躍した韓国のパク・チソン。パクは2000年から約3年間京都パープルサンガでプレーし、日本でも親しまれた選手だ。

医療従事者を応援：コロナ禍によって1年延期された東京オリンピック。医療従事者にも選手たちにも精神的負担のしのかかるなか、吉田は日本赤十字社とユニバーサルミュージックによる医療従事者応援プロジェクト「#最前線にエールを何度でも」の歌唱動画に、サッカー選手でただ1人参加した。

変幻自在のドリブル！今後の日本サッカーをになう存在

三笘 薫

独特の足さばきで相手をおきざりにするドリブル、的確な状況判断によるチャンスメーク、そして得点力。彼がピッチに立った瞬間から味方チームに得点のにおいがただよう、まさに攻撃の切り札というべき存在。2022年カタールワールドカップでは、日本を勝利に導いた「三笘の1ミリ」が世界から注目された。三笘は現在もプレミアリーグで成長を続けている。

2000年代ごろ〜

プレミア1シーズン目から大活躍

　2021年11月のワールドカップ予選でフル代表デビューし、2戦目となる最終予選のオーストラリア戦では2得点をあげ本大会出場権獲得に貢献した三笘薫。2022年夏にイギリスのイングランド・プレミアリーグのブライトン・アンド・ホーヴ・アルビオンFCでデビューすると、さっそく大活躍がはじまった。クラブ月間最優秀ゴール賞、週間ベストイレブン、マンオブザマッチ……。左サイドならどこでもOK。"ヌルヌルドリブル"とも称される変幻自在のドリブルを駆使したプレーは「魔法のよう」と称賛され、移籍1シーズン目にして日本人選手のプレミアリーグ1シーズン最多得点記録を更新する7得点をたたきだした。

鹿島アントラーズとの試合に出場したブライトンの三笘。

奇跡のような「三笘の1ミリ」

　三笘はプレミアリーグでの活躍と並行して、日本代表でも「攻撃の切り札」として欠かせない存在になっていった。ドリブルで左サイドを切りさき、ゴール前で決定的な仕事をする三笘は、森保一監督に「彼自身が戦術」とまでいわせている。2022年冬のカタールワールドカップでは全4試合に途中出場。試合の流れを変える役目をみごとにはたしてベスト16進出に貢献し、イギリスの放送局BBCが発表した「グループステージベストイレブン」に選ばれた。

　とりわけ三笘が世界に注目されたのは、グループリーグ日本対スペインのVAR判定だった。クロスボールがゴール左にそれてラインを越えようとしたのを、走りこんだ三笘の左足がキャッチ。折りかえされたボールを田中碧がゴールに蹴りこんだ。肉眼では折りかえし前にボールがラインを越えていたかに見えたが、綿密なVAR判定によってボールの一部がわずかにライン上に残っているとして得点がみとめられたのだ。この「三笘の1ミリ」が決勝点となり、日本は2-1でスペインに勝利した。三笘はこれからの日本のサッカーをリードする。

三笘 薫

1997	神奈川県に生まれる
2006	川崎フロンターレU-10に入団
2016	筑波大学に入学。全日本大学選手権 優勝
2017	ユニバーシアード 優勝
2019	川崎フロンターレ特別指定選手としてJリーグデビュー
2020	川崎フロンターレトップチームに入団。Jリーグ、天皇杯の二冠達成
2021	東京オリンピックに出場 ブライトンへ移籍。ベルギーのロイヤル・ユニオンSGに期限付き移籍。フル代表デビュー
2022	プレミアリーグデビュー。カタールワールドカップ出場
2023	FAカップベスト4。プレミアリーグ日本選手1シーズン最多得点を更新
2024	アジアカップ出場
2025	プレミアリーグ日本人通算最多得点記録を更新

2022年カタールワールドカップのクロアチア戦で、絶妙なボールコントロールで相手を抜きさる。

東京オリンピックの日本サッカーは?

　コロナ禍のため1年延期され2021年に開催された東京オリンピック。サッカーの年齢制限は23歳から24歳に引きあげられたため、三笘も出場した。日本代表はグループリーグを3戦全勝で1位通過。決勝トーナメント初戦のニュージーランド戦をPK戦で勝ちあがったが、準決勝のスペイン戦は延長のすえやぶれる。3位決定戦の相手はメキシコ。3点を先制され、三笘が1点返したがおよばず1-3で敗退。1968年メキシコシティー大会以来53年ぶりのメダル獲得は幻と消えた。

豆知識　大学で「ドリブル」を研究：三笘の卒業論文のテーマは「サッカーの1対1場面における攻撃側の情報処理に関する研究」。自分を含め複数のプレーヤーが頭に小型カメラをつけてドリブルし、その映像の解析などで「相手を抜けるドリブル」を研究。ボールを受けるときの視線の向け方の重要性を明らかにした。

小学生で海外にわたり活躍。世界が注目する超早熟の天才

久保建英
（くぼたけふさ）

10歳でスペインのFCバルセロナ育成組織に入団して日本中をおどろかせた。いったん帰国してJリーグデビューし、18歳でスペインリーグに移籍。世界のトップ選手として活躍中だ。圧倒的なテクニックと視野のひろさをほこり、相手の逆をつくドリブルは、天才リオネル・メッシとくらべられることもある。日本では21世紀生まれの選手として初のフル代表選出。早くから海外にわたったサッカー選手のさきがけとして、久保には大きな活躍が期待されている。

2000年代ごろ〜

十代から世界の舞台に立ち、記録やぶりの飛び級

「10歳の日本人がFCバルセロナ育成組織の入団テストに合格した」。この一報で日本中に名が知れわたった久保建英。幼いころから基本の技術はもちろん、試合をひろく見る力にもすぐれ、練習に一切の妥協をゆるさない。小学校4年生でスペインにわたり、2013年には地中海カップU-12トーナメントで得点王とMVPを獲得。2015年に帰国し、FC東京の下部組織に入団すると、最年少記録を次つぎとぬりかえていく。2016年の日本クラブユース選手権では史上初の中学生得点王。2017年、高校1年生にしてFC東京でプロデビューをはたした。

2019年には21世紀生まれの選手では初のフル代表となった久保。世界一流クラブによる争奪戦のすえ、同年6月、レアル・マドリードに移籍した。早そうにその力を評価され、RCDマジョルカにレンタル移籍し、11月にリーグ戦初得点。18歳5か月6日でのゴールはヨーロッパ4大リーグ（スペイン、イタリア、ドイツ、イギリス・イングランド）での日本選手史上最年少記録となった。このシーズン、35試合4ゴール4アシストを記録した久保はヨーロッパサッカー連盟の「スペインリーグでブレイクした11人」に選出された。

FC東京U-15時代の久保。

久保建英

2001	神奈川県に生まれる
2009	日本開催のFCバルセロナキャンプでMVPに輝く
2010	川崎フロンターレU-10に入団
2011	FCバルセロナ育成組織「ラ・マシア」の入団テストに合格し移籍
2013	地中海カップU-12トーナメントで得点王、MVPに輝く
2015	日本に帰国、FC東京下部組織に入団
2016	日本クラブユース選手権出場。J3リーグデビュー
2017	J1リーグデビュー
2018	横浜F・マリノスに期限付き移籍
2019	FC東京に復帰。フル代表デビュー レアル・マドリードに移籍
2022	レアル・ソシエダに移籍。スペインリーグ通算100試合出場達成。カタールワールドカップ出場
2023	スペインリーグ日本人最多得点記録を更新、リーグ月間最優秀選手に選出

2021年東京オリンピック南アフリカ戦は久保の決勝ゴールで勝利。

スペインリーグでさらなるブレイク

2022年に移籍したレアル・ソシエダで久保の才能はさらに大きく花開いた。開幕戦に先発出場して移籍後初ゴールをあげると、すぐさま主力となり2試合連続でマンオブザマッチに輝くなどの大活躍。21歳にしてスペインリーグ100試合出場を達成すると、チームを10年ぶりのUEFAチャンピオンズリーグに導く。9ゴール4アシストの活躍でチーム年間MVPに選出。2023年9月には、乾貴士がもっていたスペインリーグ日本人最多得点記録を更新し、日本人初となるリーグ月間MVPに選ばれた。

スペインリーグの先輩、乾貴士

2015年にスペインにわたり、6シーズンでリーグ166試合出場、16得点、11アシスト。通算100試合出場、2けた得点、2けたアシストを記録した初めての日本人選手。2024年9月に久保が更新するまでアジア国籍選手としてスペインリーグ通算最多出場記録保持者だった。日本代表では2018年ロシアワールドカップで活躍した。

育成組織「ラ・マシア」：将来のスター候補の少年たちを世界中から選び育成する、FCバルセロナのクラブ組織。リオネル・メッシ（アルゼンチン）やアンドレス・イニエスタ（スペイン）も、ラ・マシア出身だ。選手は学校にかよい、安心した生活をおくりながら最先端のサッカー指導を受ける。

まだまだいる！歴史をつくった選手たち

小野伸二 MF
非凡な才能きらめく "エンジェルパス"

すぐれた技術とサッカーセンスでユース年代から注目され、日本代表史上最年少の18歳272日でワールドカップに出場。オランダの強豪フェイエノールト・ロッテルダムでは、UEFAカップ優勝を含め多くの国際大会で活躍。けがに悩まされながらも、Ｊリーグ、ブンデスリーガなど各国のクラブで能力を発揮し、世界をうならせた。その繊細なボールタッチは"エンジェルパス""ベルベットパス"などといわれた。

● おもな実績
1998年 フランスワールドカップに出場
2002年 UEFAカップ 優勝
2006年 ドイツワールドカップに出場

中澤佑二 DF
雑草魂を実らせ日本の守備の要に

187cmの長身と「ボンバーヘッド」とよばれる髪型が特徴。高校卒業まで無名の選手だったが、単身ブラジルに留学し、帰国後は練習生としてヴェルディ川崎に参加。そこから不断の努力で実力をみとめさせ、1999年にトップチームデビューするとその年にＪリーグ新人王を獲得し、日本代表としてもデビュー。以後、約10年にわたり、ワールドカップ2大会を含む数多くの国際試合で守備の要として活躍した。

● おもな実績
2000年 シドニーオリンピックに出場
2006年 ドイツワールドカップに出場
2010年 南アフリカワールドカップに出場

宮間あや MF
なでしこジャパン黄金期の大黒柱

左右の足で精度の高いキックをくりだし、その目と頭脳はピッチ全体をつねに把握しているかのようだ。アメリカのリーグでは体格差をものともせず、オールスターに選ばれる活躍を見せた。世界の選手たちから尊敬を集めた稀有な選手。2011年ドイツワールドカップ優勝、2012年ロンドンオリンピック銀メダルの立役者となり、2015年カナダワールドカップでは主将として準優勝に貢献した。

● おもな実績
2011年 ドイツワールドカップ 優勝
2012年 ロンドンオリンピック 銀メダル
2015年 カナダワールドカップ 準優勝

中村憲剛 MF
クラブひとすじに高い能力をささげた

しっかりとした判断力と高い技術をもちあわせ、的確なスルーパスで試合を動かした日本歴代屈指の司令塔。18年間の現役生活すべてを川崎フロンターレの選手として過ごし、3度のＪ1リーグ優勝を含む数かずの栄光にクラブを導いた。2016年には、歴代最年長の36歳でＪリーグMVPを受賞。日本代表としては2010年南アフリカワールドカップに出場。地域密着のクラブでは地域の子どもたちにしたわれた。

● おもな実績
2010年 南アフリカワールドカップに出場
2016年 ＪリーグMVP

2000年代ごろ～

内田篤人 DF
スピードと技術をあわせもつ攻撃的DF

守備はもちろん、スピードをいかして右サイドを突破し、精度の高いパスを供給するなど攻撃面でも重要な役割をはたしたDF。プロ1年目から頭角をあらわし、19歳で日本代表デビュー。2014年ブラジルワールドカップでは全試合にフル出場した。ドイツ・ブンデスリーガのシャルケ04で長年レギュラーとして活躍し、チャンピオンズリーグベスト4進出などに貢献。ブンデスリーガの年間ベストイレブンにも2度輝いた。

● おもな実績
2010年 UEFAチャンピオンズリーグ ベスト4
　　　 南アフリカワールドカップ（出場はなし）
2014年 ブラジルワールドカップに出場

長谷部 誠 MF
W杯3大会で主将をつとめた

戦術をよく理解し、ピッチ中盤のさまざまなポジションをになえる安定感抜群のMF。ワールドカップでは2010年南アフリカ大会、2014年ブラジル大会、2018年ロシア大会の3大会で主将として日本代表を引っぱり、2度の決勝トーナメント進出をはたした。語学力やコミュニケーション力も高く、2008年からドイツ・ブンデスリーガの各チームで活躍を続け、同リーグではアジア出身選手歴代1位となる出場試合数を記録している。

● おもな実績
2010年 南アフリカワールドカップに出場
2014年 ブラジルワールドカップに出場
2018年 ロシアワールドカップに出場

岡崎慎司 FW
運動量、得点力と守備のセンスで貢献

豊富な運動量をほこり、FWながら守備の意識も高く、つねに全力でチームにつくすはたらきをかわれワールドカップ3大会に出場。FWではAマッチ歴代最多出場をほこり、釜本邦茂、三浦知良に続く日本代表通算50得点を記録。ドイツやイギリス・イングランドでも長年活躍し、2016年にはイングランドプレミアリーグの小規模クラブ、レスター・シティFCの"奇跡のリーグ優勝"の立役者となった。

● おもな実績
2010年 南アフリカワールドカップに出場
2014年 ブラジルワールドカップに出場
2018年 ロシアワールドカップに出場

香川真司 MF、FW
ブンデスリーガ2連覇、二冠の立役者

2010年、当時J2だったセレッソ大阪からドイツ・ブンデスリーガのボルシア・ドルトムントに移籍し、攻撃的MFとして大活躍。1年目にしてヨーロッパ中から注目される選手となり、リーグ2連覇やクラブ初の国内二冠達成に貢献した。2012年にはイギリス・イングランド屈指の名門、マンチェスター・ユナイテッド初の日本人選手となった。日本代表で2014年ブラジルワールドカップ、2018年ロシアワールドカップに出場した。

● おもな実績
2014年 ブラジルワールドカップに出場
2018年 ロシアワールドカップに出場

熊谷紗希 DF
なでしこジャパンの守備リーダー

2011年ドイツワールドカップ、2012年ロンドンオリンピックの全試合で守備陣を統率。澤穂希、宮間あやらの引退後もなでしこジャパンをけん引し、2019年フランスワールドカップ、2021年東京オリンピック、2023年オーストラリア・ニュージーランドワールドカップに出場した。ヨーロッパ各国の強豪クラブで活躍し、フランスのオリンピック・リヨンでは2シーズン連続三冠達成に貢献。UEFAチャンピオンズリーグ決勝で得点した男女通じて初の日本選手でもある。

●おもな実績
2011年 ドイツワールドカップ 優勝
2012年 ロンドンオリンピック 銀メダル
2015年 カナダワールドカップ 準優勝

大迫勇也 FW、MF
"半端ない"総合力で流行語に

第87回全国高校サッカー選手権で、歴代最多となる10得点をマーク。2得点した準々決勝後に対戦相手の主将が発した「大迫、半端ないって！」という言葉が流行語になった。FWとしてスピードや技術、運動量など総合的に高い能力をもち、7年半プレーしたドイツ・ブンデスリーガではMFとしても重宝された。日本代表では2014年ブラジルワールドカップ、2018年ロシアワールドカップに出場。2023年にはJリーグでMVPと得点王の二冠に輝いた。

●おもな実績
2014年 ブラジルワールドカップに出場
2018年 ロシアワールドカップに出場
2023年 JリーグでMVPと得点王を獲得

冨安健洋 DF
ヨーロッパで大活躍中のセンターバック

小学生時代から注目され、高校生でプロデビュー。センターバックの選手では初となる十代での日本代表デビューをはたし、19歳でベルギー1部リーグに移籍。1年後にはイタリア・セリエAの中堅クラブ・ボローニャFCへと移り、すぐさまクラブの月間MVPや有力紙の新人ランキングに選ばれるなど大きな存在感をしめした。2021年からはイギリス・イングランドの名門アーセナルFCで中心選手として活躍している。

●おもな実績
2021年 東京オリンピックに出場
2022年 カタールワールドカップに出場

堂安 律 MF
攻撃センス抜群の"日本のメッシ"

16歳でプロデビューし、19歳からオランダ1部リーグでプレー。2020年からはドイツ・ブンデスリーガに活躍の場を移している。左利きで、味方を動かすMFとしての能力だけでなく得点力にもすぐれ、2017年のU-20ワールドカップでは4試合3得点の活躍で"日本のメッシ"と評された。2022年のカタールワールドカップでもチームでただひとり複数得点をきめている。2023年からは日本代表で背番号10を背負う。

●おもな実績
2021年 東京オリンピックに出場
2022年 カタールワールドカップに出場

サッカーの歴史をつくった海外の選手たち

ペレ／ブラジル
■1940年生まれ〜2022年没　■FW、MF

ブラジル歴代最多得点 "サッカーの王様"

17歳でワールドカップに初出場するといきなり6得点し、ブラジルのワールドカップ初優勝の立役者に。すばらしい技術とスピードをもち、小柄ながら大きな選手にも当たり負けしないボディバランスで次つぎに相手を抜きさり得点をかさねた。エースとしてブラジルをワールドカップ3大会優勝に導き、代表での得点数は歴代最多の95、クラブも含めた通算ゴール数は1280以上。「サッカーの王様」の異名は色あせない。

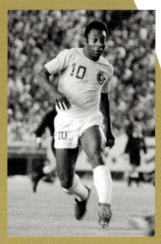

おもな実績
- 1958年 スウェーデンワールドカップ 優勝
- 1962年 チリワールドカップ 優勝
- 1966年 イングランドワールドカップに出場
- 1970年 メキシコワールドカップ 優勝

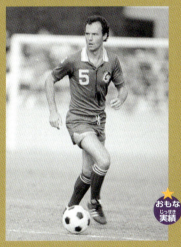

フランツ・ベッケンバウアー／ドイツ（西ドイツ）
■1945年生まれ〜2024年没　■DF

新たなポジションを生みだした "皇帝"

DFのなかでも最後の砦といわれるスイーパーから攻撃参加までこなす、技術はもちろんひろい視野と的確な読みが不可欠な「リベロ」というポジションを確立した選手。背筋ののびた毅然としたプレースタイルから "皇帝" の異名でピッチ上に君臨した。選手としても、代表監督としてもワールドカップ優勝を経験した数少ない人物で、ドイツ・ブンデスリーガのバイエルン・ミュンヘンでも選手として4度、監督として1度の優勝を経験している。

おもな実績
- 1966年 イングランドワールドカップ 準優勝
- 1974年 UEFAチャンピオンズカップ（現在のチャンピオンズリーグ）優勝（この年から3連覇）
  西ドイツワールドカップ 優勝
- 1990年 イタリアワールドカップで監督として優勝

ジーコ／ブラジル
■1953年生まれ〜　■MF

日本サッカーを成長させた伝説的名選手

ペレに「私にもっとも近づいた選手」といわしめたサッカーセンスとテクニックで得点を量産。1982年ワールドカップでは "黄金のカルテット" とよばれる中盤を形成して世界を魅了し、1980年代の世界最高の選手とも評された。一度引退したのち、1991年に来日して住友金属（現在の鹿島アントラーズ）の選手となり、Jリーグで世界最高レベルのプレーを披露。2002年からは日本代表監督もつとめ、日本サッカーの発展に貢献した。

おもな実績
- 1978年 アルゼンチンワールドカップに出場
- 1982年 スペインワールドカップに出場
- 1986年 メキシコワールドカップに出場

ミシェル・プラティニ／フランス

■1955年生まれ〜　■MF

超絶テクニックで攻撃を司った"将軍"

フランス代表、イタリア・セリエAのユベントスFCで、1980年代に、ヨーロッパ選手権優勝、リーグ優勝など数かずの栄光に輝く。"世界最高のフリーキッカー"とよばれるほどのFKの精度をほこった。

クラブ世界一をきめる1985年のトヨタカップで、胸トラップからの1度のキックフェイントで相手DF3人のマークを外し、あざやかなボレーシュートでゴールネットをゆらした"幻のゴール"はオフサイドでノーゴールになったものの今も語りつがれる。

 おもな実績
- 1978年 アルゼンチンワールドカップに出場
- 1982年 スペインワールドカップに出場
- 1983年 バロンドール受賞（この年から3年連続）
- 1984年 ヨーロッパ選手権 優勝
- 1986年 メキシコワールドカップに出場

ディエゴ・マラドーナ／アルゼンチン

■1960年生まれ〜2020年没　■FW

才能も性格も破天荒な"神の子"

足の速さ、体の強さ、技術、どれもが超一流。1986年ワールドカップ準々決勝では2つの伝説が生まれた。ハーフウェーライン手前からドリブルをはじめ、5人もの相手選手を抜きさってゴールをきめた"5人抜き"。そして、相手GKと競りあいながら振りあげた手にボールが当たってゴールインし、得点がみとめられた"神の手ゴール"だ。引退後はアルゼンチン代表監督もつとめたが、たびかさなる薬物事件などでよくも悪くも注目をあびつづけた。

 おもな実績
- 1982年 スペインワールドカップに出場
- 1986年 メキシコワールドカップ 優勝
- 1990年 イタリアワールドカップに出場
- 1994年 アメリカワールドカップに出場

ホセ・ルイス・チラベルト／パラグアイ

■1965年生まれ〜　■GK

GKの概念を変えた型破りな個性派

ゴールを守る技術の高さはもちろんのこと、積極的に前へ出てディフェンスに参加し、攻撃につながる精度の高いパスをくりだす。さらにFKの名手としてしばしば相手ゴールをおとしいれ、PKのキッカーとしてもきわめて高い成功率をほこる。1994年にはアルゼンチンリーグの1クラブを世界王者へと導き、1996年にはGKとして初めて南アメリカ最優秀選手に選出。1999年にはGK初のハットトリックを記録。世界を大いにわかせた。

おもな実績
- 1994年 トヨタカップ 優勝
- 2002年 日韓ワールドカップに出場

ジネディーヌ・ジダン／フランス

■1972年生まれ〜　■MF

卓越した才能をもつ優雅な司令塔

FIFA最優秀選手賞、バロンドールなど名だたる賞を受賞し、ワールドカップ、ヨーロッパ選手権、UEFAチャンピオンズリーグ、イタリア・セリエA、スペインリーグでチームを優勝に導いた経験をもつ、1990〜2000年代を代表する選手。優雅な動きで卓越した技術を披露し、味方攻撃陣をリードするだけでなくみずからも得点をかさねた。引退後は監督として史上初のチャンピオンズリーグ3連覇を達成するなど、すぐれた才能を発揮している。

 おもな実績
- 1998年 フランスワールドカップ 優勝
- 2000年 ヨーロッパ選手権 優勝
- 2002年 UEFAチャンピオンズリーグ 優勝
- 2006年 ドイツワールドカップ 準優勝

アンドレス・イニエスタ／スペイン

■1984年生まれ〜　■MF

研ぎすまされたプレーで世界を魅了

　試合の流れを読む洞察力と瞬時の判断力の確かさに、卓越した技術が加わり、無駄のない最適なプレーが生みだされる。結果、彼のプレーはつねにシンプルで美しい。FCバルセロナで9度のリーグ優勝を含む35もの優勝を経験したのち、2018年にJリーグのヴィッセル神戸に移籍して日本のファンをよろこばせ、2019年にはクラブを史上初の天皇杯優勝に導いた。スペインが悲願の初優勝をはたした2010年ワールドカップの中心選手でもある。

おもな実績
- 2006年 UEFAチャンピオンズリーグ 優勝
- 2008年 ヨーロッパ選手権 優勝
- 2010年 南アフリカワールドカップ 優勝
- 2012年 ヨーロッパ選手権 優勝
- 2014年 ブラジルワールドカップに出場

クリスティアーノ・ロナウド／ポルトガル

■1985年生まれ〜　■FW

すべての栄誉を手にした万能スター

　両足のテクニック、背筋ののびた安定感抜群のドリブル、驚異の得点力とカリスマ性。バロンドール5度選出をはじめ、史上初のワールドカップ5大会連続ゴール、史上初のイギリス・イングランドプレミアリーグ、スペインリーグ、イタリア・セリエAのヨーロッパ3大リーグ制覇、さらに3大リーグすべてで得点王と最優秀選手賞獲得、UEFAチャンピオンズリーグ5度優勝など、数かずの記録をもつ。ポルトガル代表としても歴代最多出場、最多得点をほこる。

おもな実績
- 2006年 ドイツワールドカップに出場
- 2010年 南アフリカワールドカップに出場
- 2014年 ブラジルワールドカップに出場
- 2016年 ヨーロッパ選手権 優勝
- 2017年 バロンドール受賞（5度目）
- 2018年 ロシアワールドカップに出場
- 2022年 カタールワールドカップに出場

リオネル・メッシ／アルゼンチン

■1987年生まれ〜　■MF、FW

プレーのすべてが史上最高の輝き

　どんなマークも一瞬でいなす。どこからでもシュートをきめる。パスもドリブルもほかの選手の追随をゆるさない。13歳でFCバルセロナのスカウトに見いだされて以来小柄な体で世界をおどろかせつづけ、史上最多の8度のバロンドール受賞、スペインリーグ歴代最多ゴール、6度のUEFAチャンピオンズリーグ得点王、チャンピオンズリーグ歴代最多ハットトリック、アルゼンチン代表最多得点・アシストなどの記録を積みあげた天才。

おもな実績
- 2010年 南アフリカワールドカップに出場
- 2014年 ブラジルワールドカップ 準優勝
- 2018年 ロシアワールドカップに出場
- 2022年 カタールワールドカップ 優勝
- 2023年 バロンドール受賞（8度目）

キリアン・エムバペ／フランス

■1998年生まれ〜　■FW

抜群の才能をもつフランスの若き大黒柱

　2018年ワールドカップでは得点王の選手につぐ4ゴールの活躍でフランスの優勝に貢献。19歳でのゴールはフランス史上最年少だった。「エムバペ対メッシ」と注目された2022年ワールドカップの決勝戦では、チームはやぶれたものの決勝戦史上2人目となるハットトリックで大会得点王に。幼いころから抜群のスピードとサッカーセンスで注目されてきた逸材は2023年、24歳にして代表の主将に任命される大黒柱へと成長した。

おもな実績
- 2018年 ロシアワールドカップ 優勝
- 2022年 カタールワールドカップ 準優勝

サッカー最高峰の大会 FIFAワールドカップ

4年に一度、国の代表同士で世界一をきめる大会。ヨーロッパ、南アメリカ、アジア、アフリカ、北中米カリブ海、オセアニアの6地域の予選を勝ちぬいたチームが出場する。

男子の大会では、これまでに優勝したことのある国はヨーロッパと南アメリカの8か国と少なく、開催国も20世紀まではほぼその2エリアに限定されていた。しかし、2002年日韓大会から開催国が多様化している。

第1回大会には13か国が出場し、オリンピックで2連覇していた開催国ウルグアイが優勝。第2回大会からは参加国が30を超え、予選をへて16か国が本大会に出場するようになった。第4回大会はそれまでのトーナメント方式ではなく、グループリーグと決勝リーグで優勝を争った。第5回大会からはリーグ戦とトーナメント戦を組みあわせた方式となった。

第12回大会からは本大会出場国が24となり、アジア、アフリカから多くのチームが出場。第15回大会は初めてヨーロッパと中南米以外の国であるアメリカで開催された。第17回日韓大会は初めて2か国共同開催となった。第21回大会では、勝敗を左右する場面での誤審を防ぐために初めてVAR（ビデオ判定）制度を採用。2026年の第23回大会はアメリカ、カナダ、メキシコの共同開催。本大会出場チームは、32から48へふえる。

女子の大会は1991年に12か国の参加ではじまり、少しずつ参加国をふやして2023年から32チームによる大会となった。優勝回数は女子サッカーのリーダーであるアメリカが抜きんでている。

●FIFAワールドカップ開催国と優勝国●

男子

年	回	開催国	優勝国
1930	1	ウルグアイ	ウルグアイ
1934	2	イタリア	イタリア
1938	3	フランス	イタリア
1950	4	ブラジル	ウルグアイ
1954	5	スイス	西ドイツ
1958	6	スウェーデン	ブラジル
1962	7	チリ	ブラジル
1966	8	イングランド	イングランド
1970	9	メキシコ	ブラジル
1974	10	西ドイツ	西ドイツ
1978	11	アルゼンチン	アルゼンチン
1982	12	スペイン	イタリア
1986	13	メキシコ	アルゼンチン
1990	14	イタリア	西ドイツ
1994	15	アメリカ	ブラジル
1998	16	フランス	フランス
2002	17	日本・韓国	ブラジル
2006	18	ドイツ	イタリア
2010	19	南アフリカ	スペイン
2014	20	ブラジル	ドイツ
2018	21	ロシア	フランス
2022	22	カタール	アルゼンチン

女子

年	回	開催国	優勝国
1991	1	中国	アメリカ
1995	2	スウェーデン	ノルウェー
1999	3	アメリカ	アメリカ
2003	4	アメリカ	ドイツ
2007	5	中国	ドイツ
2011	6	ドイツ	日本
2015	7	カナダ	アメリカ
2019	8	フランス	アメリカ
2023	9	オーストラリア・ニュージーランド	スペイン

2002年男子の日韓ワールドカップで優勝したブラジル。

さくいん

人名さくいん

あ
- イニエスタ, アンドレス ……… 61
- 乾 貴士 ……… 55
- 井原正巳 ……… 21、28、29
- 内田篤人 ……… 57
- エムバペ, キリアン ……… 61
- 遠藤保仁 ……… 46、47
- 大迫勇也 ……… 58
- 岡崎慎司 ……… 36、51、57
- 岡田武史 ……… 21、35
- 岡野俊一郎 ……… 5、8、9、20
- 小城得達 ……… 18
- 奥寺康彦 ……… 22、23、36
- オシム, イビチャ ……… 35
- 小野伸二 ……… 36、56
- オフト, ハンス ……… 34

か
- 香川真司 ……… 36、51、57
- 釜本邦茂 ……… 5、16、17
- 川口能活 ……… 21、30、31、41
- 川淵三郎 ……… 5、12、13、20
- 木村和司 ……… 23
- 久保建英 ……… 37、54、55
- 熊谷紗希 ……… 43、58
- クラマー, デットマール ……… 5、7、9、11

さ・た
- 佐々木則夫 ……… 35
- 佐藤寿人 ……… 47
- 澤 穂希 ……… 37、42、43
- ジーコ ……… 34、59
- ジダン, ジネディーヌ ……… 60
- 杉山隆一 ……… 5、14、15、17
- チラベルト, ホセ・ルイス ……… 60
- 堂安 律 ……… 37、58
- トッティ, フランチェスコ ……… 39
- 冨安健洋 ……… 37、58
- トルシエ, フィリップ ……… 34、36

な
- 永井良和 ……… 18
- 中澤佑二 ……… 56
- 中田英寿 ……… 21、38、39
- 長友佑都 ……… 36、48、49
- 長沼 健 ……… 5、6、7、20
- 中村憲剛 ……… 56
- 中村俊輔 ……… 36、37、40、41
- 中山雅史 ……… 21、26、27
- 楢崎正剛 ……… 32

は
- パク・チソン ……… 51
- 柱谷哲二 ……… 32
- 長谷部誠 ……… 36、57
- 平木隆三 ……… 18
- 福田正博 ……… 32
- プラティニ, ミシェル ……… 60
- ベッケンバウアー, フランツ ……… 59
- ペレ ……… 17、59
- 本田圭佑 ……… 36、44、45

ま
- マラドーナ, ディエゴ ……… 60
- 三浦知良 ……… 20、24、25、36
- 三笘 薫 ……… 52、53
- 宮間あや ……… 37、43、56
- メッシ, リオネル ……… 61
- 森保 一 ……… 35

や・ら
- 八重樫茂生 ……… 5、10、11
- 横山謙三 ……… 5、18
- 吉田麻也 ……… 50、51
- ラモス瑠偉 ……… 20、32
- ロナウド, クリスティアーノ ……… 61

用語さくいん

あ
- アシスト ……… 3、15、17
- UEFAチャンピオンズリーグ ……… 3、23、41、45、55、58、59、60、61
- AFCチャンピオンズリーグ ……… 3、47
- A代表 ……… 3
- オーバーエイジ ……… 3、51

か・さ
- クロス ……… 3、15、53
- ゴールキーパー（GK） ……… 2、18、21、30、31、32、60
- 国際Aマッチ ……… 3、17、28、43、47、49
- コンバート ……… 3、49
- Jリーグ ……… 7、13、20
- 守護神 ……… 3、30、31
- ジョホールバルの歓喜 ……… 21、29
- セーブ ……… 3、31
- セリエA（イタリア） ……… 3、24、25、38、39、41、44、45、48、49、55

た・な・は
- ディフェンス（DF） ……… 2、28、29、49、50、51
- ドーハの悲劇 ……… 20、25、29
- なでしこジャパン ……… 35、37、42、43
- 日韓ワールドカップ ……… 7、36、62
- ハットトリック ……… 3、17、27、43
- バロンドール ……… 3、60、61
- PK戦 ……… 2、43、53
- VAR判定 ……… 3、53
- FIFA（国際サッカー連盟） ……… 2
- FIFAワールドカップ ……… 20、21、33、36、37、62
- フォワード（FW） ……… 2
- フリーキック（FK） ……… 2、41、45、47
- プレミアリーグ（イギリス） ……… 3、51、53、55、57
- ブンデスリーガ（ドイツ） ……… 3、23、55、57
- ペナルティキック（PK） ……… 2、41、43、47
- ベルリンの奇跡 ……… 4

ま・や・ら
- マイアミの奇跡 ……… 21、31
- ミッドフィールダー（MF） ……… 2、23
- ヨーロッパ4大リーグ ……… 55
- レフティ ……… 3、41

63

監修

佐野 慎輔（さの しんすけ）
1954年、富山県生まれ。産経新聞社スポーツ記者として野球15年、オリンピック15年担当。編集局次長兼運動部長、取締役サンケイスポーツ代表、特別記者兼論説委員などを歴任し、2019年退社。2020年から尚美学園大学教授として教壇に立ち、産経新聞客員論説委員、笹川スポーツ財団理事、日本スポーツフェアネス推進機構体制審議委員などを務める。近著に『西武ライオンズ創世記』（ベースボール・マガジン社）、『嘉納治五郎』『中村裕』（小峰書店）など。近共著に『スポーツの現在地を考える』『地域スポーツ政策を問う』（ベースボール・マガジン社）、『スポーツとスポーツ政策』『オールアバウト・ベースボール』（創文企画）、『2020＋1東京大会を考える』（メディアパル）など。

アスリートでたどる ジャパンスポーツ❷
サッカー

発　　行	2025年4月　第1刷	編集協力	株式会社ジャニス
		文	美甘玲美　大野益弘
監　　修	佐野慎輔	写　真	フォート・キシモト
		デザイン	門司美恵子（チャダル108）
発行者／加藤裕樹		ＤＴＰ	関口栄子（Studio Porto）
編　集／堀 創志郎　岩根佑吾		画像調整	小山和彦
発行所／株式会社ポプラ社		校　正	あかえんぴつ

〒141-8210　東京都品川区西五反田3-5-8
　　　　　　　JR目黒MARCビル12階
ホームページ　www.poplar.co.jp
　　　　　　　kodomottolab.poplar.co.jp
　　　　　　　（こどもっとラボ）

印刷・製本／株式会社瞬報社

©POPLAR Publishing Co.,Ltd.2025
ISBN978-4-591-18488-2／N.D.C.783／63P／24cm
Printed in Japan

落丁・乱丁本はお取り替えいたします。
ホームページ（www.poplar.co.jp）のお問い合わせ一覧よりご連絡ください。

みなさんのおたよりをお待ちしております。おたよりは編集部から制作者へおわたしいたします。

本書のコピー、スキャン、デジタル化等の無断複製は著作権法上での例外を除き禁じられています。本書を代行業者等の第三者に依頼してスキャンやデジタル化することは、たとえ個人や家庭内での利用であっても著作権法上認められておりません。

P7256002

アスリートでたどる ジャパンスポーツ JAPAN SPORTS

監修・佐野慎輔

全5巻

小学高学年〜中学生向け
図書館用特別堅牢製本
B5変型判 / 各63ページ / オールカラー

❶ **野球** N.D.C.783

❷ **サッカー** N.D.C.783

❸ **バレーボール・バスケットボール** N.D.C.783

❹ **陸上・競泳** N.D.C.780

❺ **スキー・スケート** N.D.C.784

★ポプラ社はチャイルドラインを応援しています★

こまったとき、なやんでいるとき、
18さいまでの子どもがかけるでんわ
チャイルドライン®
0120-99-7777
ごご4時〜ごご9時 ＊日曜日はお休みです
電話代はかかりません 携帯・PHS OK